Monika Herz

Alte Heilrituale

Monika Herz

Alte Heilrituale

Selbstheilung im Medizinkreis

nymphenburger

Die Anwendungen in diesem Buch sind spiritueller Art und stehen den Religionen, ihren Philosophien und Riten näher als der Medizin. Sie sind jedoch geeignet, Selbstheilungskräfte zu aktivieren. Die Autorin hat nach bestem Wissen beschrieben, wie spirituelles Heilen mit Ritualen geschehen kann.

Die Ratschläge in diesem Buch sind von Autorin und Verlag sorgfältig geprüft, dennoch kann keine Garantie übernommen werden. Jegliche Haftung der Autorin bzw. des Verlages und seiner Beauftragten für Gesundheitsschäden sowie Personen-, Sach- und Vermögensschäden ist ausgeschlossen.

Wir weisen darauf hin, dass spirituelles Heilen eine ärztliche Behandlung nicht ersetzt.

© 2014 nymphenburger
in der F. A. Herbig Verlagsbuchhandlung GmbH, München.
Alle Rechte vorbehalten.
Umschlaggestaltung und Illustrationen:
atelier-sanna.com, München
Satz: Buch-Werkstatt GmbH, Bad Aibling
Gesetzt aus: Sabon 10,6/13,8 pt und Frutiger 9,75/13,8 pt
Druck und Binden: GGP Media GmbH, Pößneck
Printed in Germany
ISBN 978-3-485-02807-3

Auch als

www.nymphenburger-verlag.de

Inhalt

1. TEIL
Grundsätzliches

Einführung

Einer meiner ersten Lehrer war »der Lory«, ein Gesundbeter aus meinem Dorf und ein Freund der Familie. Heute würde man vielleicht »Alpen-Schamane« zu ihm sagen. Der Lory kannte das Wort »Schamane« wahrscheinlich gar nicht. Aber er tat das, was Schamanen überall auf der Welt tun: Er hielt den Kontakt zu einer anderen, einer feinstofflichen Welt und diente als Bote und Heiler. Schamanen werden ja manchmal als »Wanderer zwischen den Welten« bezeichnet. Sie überschreiten die Grenzen des »Normalen« und tragen Botschaften hin und her. Wir hier in der gewöhnlichen Welt flehen um Hilfe und die Wesen aus der anderen Welt schicken ihren Segen zu uns. Oft gestaltet sich dann nach einer Weile die gewöhnliche Welt so, dass wir neue Chancen ergreifen können. Der Lory betete für mich und meine Familie, wenn wir uns krank und elend fühlten, und gab uns oftmals guten Rat, zum Beispiel die Ernährung oder allgemein die gute Lebensweise betreffend. Er brachte mir bei, wie man betet: Zuerst für sich selbst, dann für seine Angehörigen und später auch für andere. Nachdem ich einige Zeit Erfahrungen mit der Gebetsheilung gesammelt hatte, lehrte er mich, draußen in der Natur einfache Rituale zu vollziehen.

Der erste Schritt, um selber eine »Alpen-Schamanin« zu werden, bestand für mich also darin, beten zu lernen. Beten heißt, Zuflucht nehmen zu einer höheren Kraft, zu einem »Großen Geist«, zum lieben Gott oder wie immer wir es nennen. Zuflucht nehmen heißt Vertrauen entwickeln zu Kräften, die unsere gewöhnlichen Vorstellungen übersteigen. Wenn wir mit der Zeit gelernt haben, richtig vertrauensvoll zu beten, ist das ein Schatz, den uns niemand stehlen kann. Denn dieser Schatz ist fest in unserem Geist verankert. Die Kunst des Betens kann zu einer stabilen Grundlage unseres Lebens werden, die unzerstörbar und unvergänglich ist.

Meinem Onkel, der ebenfalls ein »Abbeter« war, ist zum Beispiel in der Mitte seines Lebens der Bauernhof abgebrannt. Die Tiere konnten zwar gerettet werden und es kamen auch keine Menschen zu Schaden, aber er verlor nahezu sein gesamtes Hab und Gut. Natürlich war er eine Zeit lang nach dem Brand verzweifelt und fragte sich und seinen Herrgott, womit er dieses Schicksal verdient habe. Sein Vertrauen war jedoch stärker als der Zweifel. Er hielt standhaft an seinem Glauben fest. Der Bauernhof wurde wieder aufgebaut und mein Onkel hörte nicht auf, für die Familie und im Stillen auch für etliche Dorfbewohner zu beten, wenn sie in Not geraten waren. Er erfuhr in der für ihn schwierigen Zeit sehr viel Hilfe von Nachbarn und von den Bauern der Umgebung. Unzählige Hände halfen beim Neubau. Keiner der Helfer fragte nach Lohn. Am Ende hatte er ein schöneres Heim als zuvor.

Der zweite Schritt meiner Ausbildung bestand darin, Rituale durchzuführen und so mein Vertrauen und meine Zufluchtnahme weiter zu verstärken. Zufluchtnahme heißt für mich, dass ich mich auf etwas verlasse, das größer und mächtiger ist als ich und dem ich vertraue. Mein Zutrauen in die Kraft des Großen Geistes wurde dadurch viel tiefer.[*] Natürlich wurde auch die Verbindung besser. Jener Große Geist und mein eigener winzig kleiner Geist lernten einander ganz langsam immer besser kennen und verstehen. Allein das ist schon Grund genug für die Empfehlung, das eine oder andere Ritual selbst auszuprobieren.

Im Allgemeinen unterscheiden wir drei Formen von Ritualen:
1. Alltagsrituale, wie Händeschütteln und »Grüß Gott« sagen zur Begrüßung

---

[*] Ich werde im Folgenden Worte wie »Lieber Gott«, »Großer Geist«, »Großes Geheimnis« etc. verwenden. Ich meine damit immer dasselbe. Das Eine. Das Unfassbare. Das Unaussprechliche. Das Namenlose. Das Wunderbare!

2. Rituale, die dem Miteinander und den Beziehungen in der Gemeinschaft dienen, wie etwa die Taufe, wenn wir geboren werden, die Hochzeit, wenn wir uns als Paar zusammentun, oder die Rosenöl-Salbung, wenn wir sterben
3. Rituale, die der ganz persönlichen, einzigartigen Beziehung zwischen uns und dem Göttlichen dienen; man könnte sie Rituale der Selbstermächtigung nennen

In diesem Buch stelle ich hauptsächlich jene dritte Kategorie vor. Es handelt sich um Rituale, die uns dabei helfen, nach und nach geistig immer klarer zu werden. Wenn unser Geist, unser Bewusstsein sich etwa immer klarer darüber wird, dass wir in Wirklichkeit gar keine einsamen, isolierten Wesen sind, sondern Bestandteil eines Großen Geistes, dann werden wir selbst immer heiler. Je mehr wir in der Lage sind, geistige Qualitäten wie Vertrauen, Geduld, Zuneigung und Mitgefühl hervorzubringen, desto erfreulicher wird unser Leben. Wir strahlen diese Qualitäten dann aus, und das, was wir selbst ausstrahlen, kommt als Antwort des Lebens zu uns zurück – das ist ein universelles Gesetz. Wer Hass und Gier sät, wird schwerlich Frieden ernten. Wenn wir aber im Lauf der Zeit lernen, immer mehr Großzügigkeit und Mitgefühl für andere in unserem eigenen Geist zu kultivieren, dann wartet ein gutes Leben auf uns.

Spirituelle Heilung durch
Selbstermächtigung

Was auch immer im Verlauf einer spirituellen Heilungsgeschichte passiert, ist für die betroffene Person gut, so wie es ist. Spirituelle Heilung heißt nicht, dass es nach dem »Heilerfolg« keine Krankheiten mehr gibt, keine Last des Alters, keinen Tod. Es ist eher so, dass ein »Höheres Selbst« mir die Kraft gibt und mich ermächtigt, trotz aller Widerstände der äußeren Welt meinen Lebensweg so zu vollenden, wie mein Höheres Selbst es für mich vorgesehen hat.

Der Begriff »Selbstermächtigung« soll nicht irreführen im Sinne von Anmaßung oder von Machtausübung über andere. Selbstermächtigung hat für mich etwas damit zu tun, meine Potenziale zu entwickeln. Selbstermächtigung kann auch heißen, sich selbst zu erlauben, so zu sein, wie man ist, und sich nicht wie eine Marionette von irgendwelchen Mächten führen zu lassen, sondern sich frei zu bewegen. Das Wort »Selbst-Verantwortung« zeigt sehr schön, worum es hier geht: Eine Antwort zu finden auf die Frage, warum wir eigentlich auf die Welt gekommen sind. Ähnlich verstehe ich das Wort Selbstermächtigung.

Wenn wir von Krankheit, Alter und Tod nicht geheilt werden können, was wird dann mit spiritueller Therapie geheilt? Es ist der Mensch als Ganzes. Das heißt, dass durch die Anwendungen entweder langsam nach und nach oder auch ganz plötzlich dem Hilfesuchenden sozusagen ein spirituelles Licht aufgeht. Wie sich dieses Licht zeigt und was es bewirkt, ist bei jedem Menschen ein bisschen anders. So gesehen kann spirituelles Heilen alles heilen.

Erfahrungen mit Ritualen können uns Schritt für Schritt dabei helfen, innere und äußere Hindernisse auf unserem Lebensweg zu überwinden. Solche Rituale zu praktizieren, ist wie Samenkörner zu säen, die wir pflegen und gießen, bis wir Stufe für Stufe wirklich achtsame Menschen geworden sind. So arbeiten wir an uns selbst, um unsere Probleme und Unzulänglichkeiten zu überwinden. Rituale dienen der Selbsthilfe und stärken uns. Gleichzeitig entwickeln wir allmählich Fähigkeiten, die uns in die Lage versetzen, auch andere auf ihrem Weg zu unterstützen.

Die Rituale, die ich hier vorstelle, sind eingebettet in die Erkenntnisse und die Kosmologie des Medizinkreises. Rituale im Medizinkreis können uns dabei helfen, vollständig zu erwachen, damit wir miteinander eine Zukunft kreieren, die weitgehend frei von Angst, Not und Leiden ist.

Der Medizinkreis

Ich erinnere mich, als wäre es gestern gewesen: Wir schrieben das Jahr 1983 und es war zur Zeit der Herbst-Tagundnachtgleiche. Brave Buffalo, Tapferer Büffel, ein Medizinmann der Lakota, war zusammen mit einer Schar nord- und südamerikanischer Schamanen nach Königsdorf, ganz in die Nähe meines Heimatdorfs gekommen. Das Schicksal hatte es so eingerichtet, dass mir die 14 Tage Zeit und die 500 Mark gerade zufällig und mühelos zur Verfügung standen, um an dem Camp teilzunehmen. Das Camp sollte zuerst im Schwarzwald stattfinden und ich überlegte schon, wie ich ohne Auto dorthin kommen könnte, als die Veranstalter umdisponierten und sich für Königsdorf entschieden. Das alte Wissen kam quasi direkt vor meine Haustür, als ich es dringend benötigte. Ich bin noch heute dankbar dafür.

Im Rahmen des zwei Wochen dauernden Camps in der freien Natur waren die Schamanen der Einladung einer Handvoll junger Männer gefolgt, die sich bereits intensiv mit dem Wesen des Schamanismus vertraut gemacht hatten und selbst lange Zeit in Nord- und Südamerika verbracht hatten. »First European Medicine Wheel Gathering« (Erstes europäisches Medizinkreis-Treffen) nannte sich die Veranstaltung. Etwa hundert junge Menschen waren damals zusammengekommen, um sich von den Schamanen eine ganz besondere Sicht der Welt erklären zu lassen.

Wie die Ruhe selbst saß er da, der Tapfere Büffel. Auf seinem Schoß in seinen Händen ruhte eine bunte Stickerei, die auf dunklem Hintergrund einen Kreis mit einem Kreuz in der Mitte darstellte. Das heilige Medizinrad. Der heilige Kreis der Medizin der Ureinwohner Amerikas. Ich hatte noch nie davon gehört. Wie sollte ein schlichtes geometrisches Symbol Heilkraft entfalten können? Da ich ein vergesslicher Mensch bin, habe ich schon damals gerne aufgeschrieben, was mir wichtig erschien. Brave Buffalo aber bat darum, Stift und Buch wegzulegen, zuzuhören und den Geist zu öffnen. »Ich schreibe es dir in dein Herz hinein«, sagte er. Ich kann heute noch den liebevollen Klang seiner Stimme in mir hören, als er diese Worte sprach. Wie ich es bereits vom Lory und von meinem Onkel kannte, gaben die Indianer das alte bedeutsame

Wissen von Mund zu Ohr und von Herz zu Herz weiter. Bücher und Stifte wären bei einer solchen Übertragung eher hinderlich, meinte der Medizinmann. »Was du aufschreibst, das vergisst du gleich wieder!«

Bevor er überhaupt ein erstes Wort der Belehrung sprach, ehrte er seine Ehefrau, welche die kleine Stickerei in liebevoller Kleinarbeit Stich für Stich gefertigt hatte. »Das ist unsere Art der Kunst«, sagte er. »Unsere Kunst ist sehr einfach: heilige Zeichen und Symbole mit Liebe gemacht.« In seiner Stimme schwang wirkliche Achtung und tiefe Zuneigung für seine Frau.

Er sprach ein wenig über den Kreis, seine Mitte, das Unendliche und die Unmöglichkeit, das Geheimnis eines Kreises wirklich zu erklären. Wer wollte die Unendlichkeit erklären? Wer könnte das? So fragte er in unsere Runde.

Dann thematisierte er das Kreuz in der Mitte. Er erinnerte uns daran, dass auch die Christen ein Kreuz als heiliges Symbol verehren Er sprach über die Wege, die sich kreuzen, wenn wir auf ihnen wandern: Die Lebenswege und Lebenslinien. Dass es leichte Wege gäbe und schwierige. Im heiligen Symbol des Medizinkreises habe alles seine Ordnung. Es gäbe den Weg von unten nach oben, von der Mutter Erde unten nach oben zum Vater, dem Himmel. Brave Buffalo wunderte sich, dass im Christentum einzig der Vater im Himmel Verehrung finde, die Mutter Erde jedoch nicht. Das sei die eigentliche Ursache für unsere Probleme, zum Beispiel für die Umweltprobleme, meinte er.

»Mögen wir auch noch so weit gehen, leichte oder schwierige Wege, falsche oder richtige Wege, all unsere Wege münden immer wieder im Kreis, der unsere Lebenswege und Lebenslinien umfängt. Im Kreis, der ohne Anfang und ohne Ende ist.« So etwa sprach der weise Mann.

Brave Buffalo sagte uns, der Medizinkreis sei für Indianer das heiligste Symbol schlechthin. Deshalb haben sie in den alten Zeiten auf den Gebrauch von Rädern für den Alltag verzichtet: Sie wollten das Heilige nicht zum Gewöhnlichen machen. Sie wollten das Heilige bewahren. Aber das sei ihnen nicht gelungen. Alles, was ihnen heilig war, sei ihnen genommen worden. Vor allem ihr Land. Das heilige Land. Die Mutter Erde. Brave Buffalo weinte bei diesen Worten. Es war kein Jammern in diesem Weinen, keine Schuldzuweisung, kein Heischen um Mitleid. Es war ein tiefer, echter Schmerz um die Mutter Erde. Es waren die Tränen eines Mannes, der daran gehindert wurde, seiner Aufgabe nachzukommen. Ich weiß nicht, ob ich jemals wieder einen Mann so tapfer habe weinen sehen. Brave Buffalo trug seinen Namen mit echter Würde.

Anschließend erklärte er uns, dass die Zahl Vier den Indianern ganz besonders heilig sei. Der Medizinkreis bestehe schließlich aus den vier Vierteln. Es gebe so viel Großes in der Welt, das sich über die Vier verstehen ließe: Die vier Richtungen, mit denen wir uns im Raum orientieren. Die vier Farben Rot, Gelb, Blau und Weiß, in denen wir die sichtbare Welt wahrnehmen. Die vier Winde, die uns das Wetter bringen. Die vier Zeiten, mit denen wir uns im ewigen Wandel der Jahre orientieren. Die vier Zeiten, mit denen wir unsere Tage ordnen, und die vier Zeiten, die unsere Lebenszeit markieren. Alle münden sie in den Kreis von Geburt und Tod, von Entstehen und Vergehen.

»Alles was ist, ist in jenem Medizinkreis mit den vier Elementen enthalten«, sagte Brave Buffalo und lächelte tiefsinnig in sich hinein. »Wir verehren die vier Winde, die vier Kräfte, so wie ihr vielleicht Jesus oder die Engel verehrt. Wenn wir unsere großen Zeremonien wie den Sonnentanz oder die Visionssuche vollziehen, gehen wir vollständig in die vier Kräfte hinein. Wir liefern uns ihnen ganz und gar aus und geben uns ihnen aus tiefster Ehrerbietung hin. Wir gehen sogar so weit, dass wir für eine gewisse Zeit aufhören zu essen und zu trinken sowie uns voll der Sonne und dem Wind und unseren Ängsten aussetzen. Die Erfahrungen, die wir dabei machen, sind unser größter Schatz, unser unvergänglicher Trost, die Quelle unserer Kraft. Diese Quelle kann uns niemand nehmen.«

Brave Buffalo war nicht nur ein tief beeindruckender Geschichtenerzähler, sondern auch ein großer Heiler. Nach jenem Medizinradtreffen habe ich zusammen mit vielen anderen jungen Menschen das Camp strahlend und voller Zuversicht verlassen. Die Schamanen hatten die jungen Männer bei der Visionssuche begleitet und erste Rituale mit uns gemacht. Ich erinnere mich, wie beim Abschlussritual zwei Adler über unserer Runde kreisten. Ich stand da und weinte mir schier die Augen aus dem Kopf. Die Tränen quollen nur so aus mir hervor, ich konnte sie nicht stoppen. Dabei war ich gar nicht traurig. Es war die Berührung mit dem Unerklärlichen, die mich zum Weinen brachte. Das Adlerpaar musste von weither gekommen sein, denn bei uns gab es damals keine Adler mehr. Brave Buffalo und die anderen Ältesten hatten uns gezeigt, wie wir die »spirits«, die Geistwesen, und die Elemente kennenlernen und mit ihnen kommunizieren können.

Nach diesem Camp wusste ich auf einer tiefen Ebene, dass Wasser ein lebendiges Wesen ist, nicht nur nass und kalt. Ich wusste, dass ich von einer wunderbaren Wesenheit, deren Gewand die Luft ist, beständig beatmet werde. Ich wusste, dass die Erde tatsächlich unsere Mutter ist.

Brave Buffalo und die anderen Schamanen hatten uns zu Erfahrungen geleitet, die uns erkennen ließen, dass die Kraft der Elemente, die Kraft des Medizinkreises uns zu heilen vermag, wenn wir eine lebendige Beziehung mit diesen Urkräften eingehen. Ich fühlte mich eingebunden in einen Kreis von Menschen und von Mächten, die verwandt mit mir waren. Es gab auf der anderen Seite der Weltkugel Menschen, für die es ganz normal ist, Visionen zu haben. Es gab alte Traditionen, die Visionen sogar mit speziellen Ritualen hervorriefen. Eine Vision war dort nicht etwas, wofür man in die Irrenanstalt eingewiesen wurde, oder etwas, das mit Psychopharmaka beseitigt werden musste. Nein, Visionen gehörten in den alten Traditionen ganz wesentlich zur Entwicklung und waren auch für den Stamm von Bedeutung. Viele von uns fühlten sich von nun an als Teil einer kleinen Weltgemeinschaft, die zusammenarbeiten wollte, damit unsere Welt ein paradiesischer Ort würde.

Wie wir selbst einen
Medizinkreis kreieren

Wenn wir einen Medizinkreis errichten, dann schaffen wir damit ein spezielles, ein heiliges Feld, einen heiligen Raum. Das heißt, wir erschaffen mit der Kraft unseres Bewusstseins eine Situation, in der Begegnungen mit höheren, feineren Kräften und außergewöhnliche Erfahrungen stattfinden können. Die höheren Kräfte sind im Symbol des Medizinkreises verschlüsselt dargestellt.

Letztlich ist das Symbol sehr komplex und kann in seiner ganzen Tiefe und Weite nicht durch das Lesen eines Buches vollständig erfasst werden. Bei mir ist es so, dass ich die Weisheit des Heilsamen von der intellektuellen Ebene her zunächst über Schriften verstehen kann. Vollständig erfassen kann ich die Weisheiten aber erst, wenn ich das, um was es geht, lange in meinem eigenen Geist hin und her wende und überdenke. Und schließlich verstehe ich etwas erst dann ganz und gar, wenn ich es auch tatsächlich selber praktisch ausprobiere.

Die heilsame Weisheit des Medizinkreises gründet sich zunächst auf die Darstellung der beiden unterschiedlichen Energien des Kreises (weiblich) und der Linie (männlich).

In der Zahlenmystik entspricht die Zahl Zwei der Polarität:

Männlich – Weiblich
Links – Rechts
Oben – Unten
Hell – Dunkel
Endlich – Unendlich

Der Kreis ist das Zeichen der Unendlichkeit. Die Linie ist das Zeichen der Ausrichtung auf ein Ziel, auf ein Ende hin.

Ich finde es interessant, dass die beiden (archetypisch männlichen) Linien des Symbols im (archetypisch weiblichen) Kreis münden. Auch erzeugen die beiden Linien in der Mitte einen Punkt, den Mittelpunkt. Der Punkt deutet auf die mystische Einheit hin, auf eine ewige Quelle, aus der alles, was ist, entsteht, eine Weile bleibt und dann wieder vergeht.

Wenn wir dieses Wunder des Daseins wirklich verstehen wollen und uns schöpferisch in den Kreislauf von Entstehen und Vergehen hineinweben möchten, können uns die Heilrituale im Medizinkreis dabei behilflich sein.

Der Medizinkreis ist durch das Kreuz in der Mitte in vier Viertel eingeteilt. Die Vier ist in der Zahlenmystik die Zahl, die Ordnung schafft. Mit der Vier erhalten wir zunächst ganz lapidar Orientierung in Raum und Zeit. Bei einer weitergehenden

Betrachtung finden wir noch viele weitere Zuordnungen. Einige davon stelle ich im zweiten Teil des
Buches vor.

Das Grundritual besteht darin, dass wir am besten
draußen in der Natur einen Kreis ziehen und anschließend die vier Kräfte und die Kraft der Mitte
einladen. Durch das Einladen der Kräfte im Norden, Süden, Osten und Westen ziehen wir symbo-
lisch ein Kreuz in der Mitte des Kreises. Damit
erschaffen wir das heilige, heilsame Feld. Es ist eigentlich ähnlich, wie wenn wir im Christentum zur
Einleitung eines Gebets ein Kreuzzeichen machen,
ergänzt durch einen alles umfassenden Kreis.
Nachdem wir in unserem Grundritual den heiligen Kreis gezogen haben und die Richtungen zu
uns gebeten haben, vollziehen wir eine bestimmte Handlung, zum Beispiel eine rituelle Reinigung oder eine Weihe. Danach lösen wir den Kreis
wieder auf, bedanken uns und verabschieden die
Kräfte.
Darin besteht kurz gesagt der ganze »Zauber«. Ein
solches Ritual entspricht dem Grundprinzip dessen, wie das gesamte Universum funktioniert: Etwas entsteht – z.B. ein Sonnensystem oder eine
ganze Galaxie –, es bleibt für eine Weile, und dann
vergeht es wieder. Mit anderen Worten: Auch im

Medizinkreis geht es um Erschaffen – Bewahren – Erlöschen.

Hier eine kurze Anleitung, wie wir selbst einen heilsamen Medizinkreis kreieren:

Gehe an einen passenden Ort. Ziehe mit einem geeigneten Objekt einen Kreis im Uhrzeigersinn. Lade die heilsamen Kräfte ein. Tritt in die Mitte des Kreises und gestalte eine rituelle Handlung. Löse den Kreis entgegen dem Uhrzeigersinn wieder auf. Bedanke dich bei den heilsamen Kräften.

Der Ort der Kraft

Wo ist ein geeigneter Ort für ein Heilritual? Wenn ich in meinen Seminaren diese Frage stelle, zeigt sich, dass die meisten einen Platz kennen, zu dem sie sich besonders hingezogen fühlen. Einen Platz, der wie geschaffen dafür ist, um dort persönliche Rituale zu gestalten. Ein Ort der Kraft ist ein Platz, an dem wir uns draußen in der Natur aufgehoben und geborgen fühlen und Kraft tanken können.

Wenn wir einen Ort der Kraft gefunden haben, dann wissen wir, dass er zu uns gehört. Mein Lieblingskraftort ist zum Beispiel ein Platz mit einem Baum. Der Baum ist »mein« Baum. Niemand kann mir den Baum wegnehmen. Selbst wenn ihn jemand fällen würde, wäre er in meinem Geist immer noch mein Baum und ich könnte weiterhin zu ihm gehen. Der Baum gehört zu mir und ich gehöre zu ihm. Wir kennen einander. Wir sind beste Freunde. Ein solcher Baum ist ein großes Glück. Er ist immer da, wenn ich ihn brauche. Er läuft nicht weg. Er ist älter als ich und sehr weise. Er kann zuhören. Er quatscht nicht dazwischen. Er hat Platz für mich zu seinen Füßen. An seinem Stamm kann ich mich ausruhen und meine Träume spinnen. Er ist kein »besonderer« Baum, sondern ein ganz gewöhnlicher, »nur« eine Fichte. Aber er ist mein Baum. Deshalb ist er eben doch ein ganz besonderer Baum. Um ihn herum ist mein Ort der Kraft. »Mein Fluss«, die Ammer, ist dort in der Nähe, »meine Höhlen« und natürlich »mein Himmel«.

Wenn ich an meinem Kraftplatz ein Heilritual entwickle, fühle ich mich innerhalb des Kreises absolut sicher. Als ich zum Beispiel das erste Mal über Nacht allein draußen im Wald blieb, um auf Visionssuche zu gehen, hatte ich selbstverständlich erst einmal Angst. Ich fürchtete mich vor dem Alleinsein, vor Geräuschen, die ich nicht zuordnen konnte, vor wilden Tieren, vor bösen Geistern und vor der Nacht. Nachdem ich das Grundritual gemacht hatte und in jeder Himmelsrichtung sowie in der Mitte des Kreises eine Gabe hinterlassen hatte, fühlte ich die Anwesenheit der schützenden Mächte. Es war, als ob sich dort bei den kleinen Altären mit den Gaben tatsächlich Wesenheiten niedergelassen hätten, um auf mich aufzupassen. Das heißt, genauer gesagt war es für mich nicht so, als ob, sondern es war tatsächlich so. Ich konnte es spüren. Gute Kräfte waren anwesend. Die Angst verflog und machte einem inneren Frieden Platz, in dem ich in Ruhe über mich und mein Leben sinnieren konnte und nach Zeichen Ausschau hielt.

Der Platz, an dem wir unsere Rituale durchführen, spielt durchaus eine große Rolle. Natürlich kann man auch auf dem eigenen Grundstück hinter dem Schutz des Gartenzauns Rituale vollziehen oder im stillen Kämmerlein. Aber wir werden dann vielleicht nie erfahren, wie es ist, wenn die tief sitzende Urangst vor den Gefahren der Wildnis und der Dunkelheit dem Gefühl eines großen Geborgenseins und Aufgehobenseins weicht. Wenn wir eine solche Erfahrung machen dürfen, gehen wir für den Rest unseres Lebens gestärkt daraus hervor. Wir sind danach nicht mehr ganz die Gleichen wie zuvor, obwohl wir noch so ähnlich aussehen und auch ähnliche Gewohnheiten haben werden. Solche besonderen Erfahrungen brauchen Zeiten der Vorbereitung und Zeiten der Integration. Eine ausgezeichnete Maßnahme der Vorbereitung ist es, sich nach einem Ort der Kraft draußen in der Natur umzusehen und diesen Ort öfter mal aufzusuchen. Wir können uns nicht nur mit anderen Menschen bekannt machen, sondern auch mit Plätzen. Jeder Platz hat seinen eigenen Geist. Sich mit dem Geist eines Platzes vertraut zu machen, sich einen Platz zum Freund zu machen, ist allein schon eine wunderbare Übung, auch wenn wir vielleicht nie im Leben eine traditionelle Visionssuche durchführen werden.

Zeiten der Kraft

Wann ist der beste Zeitpunkt, um Rituale durchzuführen? Wenn wir den Medizinkreis betrachten, sehen wir, dass die vier Schenkel des Kreuzes die vier Zeiten des Wandels im Jahresverlauf markieren: Die Frühjahrs-Tagundnachtgleiche, die Sommersonnwende, die Herbst-Tagundnachtgleiche und die Wintersonnwende.

Solche Zeiten des Übergangs von einer Jahreszeit in die nächste sind immer auch Zeiten besonderer Kraft. Im Christentum wird zum Beispiel die Zeit des Übergangs vom Herbst in den Winter zur Wintersonnenwende mit dem Weihnachtsfest außergewöhnlich berührend gefeiert. Genauso verhält es sich mit dem Osterfest zur Frühjahrs-Tagundnachtgleiche. Solche Feste werden seit jeher überall auf der Welt zelebriert.

Der jeweilige Höhepunkt einer Jahreszeit ist ebenfalls eine Zeit der Kraft. Zum Beispiel finden weltweit Vollmondfeste im Mai, also in der Mitte des Frühlings, statt.

Ebenso verhält es sich mit den Tageszeiten: Sonnenaufgang und Sonnenuntergang sind Zeiten der Kraft, genauso der Mittag und die Mitternacht. In südlichen Ländern ist es üblich, die Mitte des Tages zur Siesta, zu einer Zeit der Stille und des inneren Rückzugs zu nutzen. Eine sehr gesunde Angewohnheit! Meine Zen-Meisterin, eine außergewöhnlich tatkräftige Frau, schwor auf die Regenerationskraft der Mittagsruhe und legte uns diese sehr ans Herz.

Aus der Logik des Medizinkreises ergibt es sich also, die Zeiten der Kraft wenn möglich für unsere Ritualerfahrungen zu nutzen.

Als ich das erste Mal davon hörte, dass die Zeiten der Übergänge zugleich auch Zeiten der Kraft sind, war das für mich vom Gefühl her vollständig stimmig. Wenn etwas, wie etwa die eigene Jugend, zu Ende geht und etwas ganz Neues, ganz Anderes, wie in diesem Beispiel das Erwachsensein, sich ankündigt, dann geht diese Phase mit erhöhter Empfindsamkeit einher. Was in meiner eigenen Lebenszeit stattfindet, findet womöglich in ähnlicher Form auch auf dem Planeten statt. Der Wechsel der Jahreszeiten ist vielleicht ein vergleichbarer Prozess. Auch in der Natur kommt es zu erhöhter Empfindsamkeit, in der es für uns leichter als an »gewöhnlichen« Tagen ist, eine gute Verbindung mit einer Kraft wie etwa dem Sommer oder dem Winter herzustellen.

Innerhalb und außerhalb des Kreises

Unser Ritual beginnt damit, dass wir im Uhrzeigersinn einen Kreis um uns herum ziehen. Wie groß der Medizinkreis sein soll, ist dem eigenen Gespür überlassen. Dieser Kreis dient dem Eintritt in eine andere Welt. In dieser anderen Welt wollen wir auf der einen Seite höheren Kräften begegnen können. Auf der anderen Seite möchten wir vor sogenannten »niederen Kräften« beschützt sein. Das heißt, nach innen hin betreten wir im Medizinkreis eine neue Wirklichkeit, eine Wirklichkeit, in der wir Beziehungen zu hohen Mächten eingehen. Jenseits, außerhalb unseres Kreises, bleibt die gewöhnliche Wirklichkeit, in der uns die niederen Kräfte wie etwa Zweifel, Zorn oder Gier immer wieder zu schaffen machen. Wenn wir einen Medizinkreis erschaffen, sollten wir uns dieser Absicht ganz klar bewusst sein.

Es gibt nicht nur ein geeignetes Objekt, um einen solchen Kreis erzeugen zu können. Man kann z.B. Salz verwenden, um sich vor dem Schädlichen zu schützen. Getreidekörner, Blütenblätter oder Edelsteinsplitter sollen dagegen eher der Einladung der guten Geister dienen.

Ich habe festgestellt, dass Dinkel bestens dafür geeignet ist, den inneren Kreis zu schützen und sich zugleich nach außen hin abzugrenzen. Ich benutze zuvor geweihte Dinkelkörner (s. Ritual der Dinkelweihe S. 122), wenn ich einen Medizinkreis ziehe. Dinkel ist ein ganz spezielles Getreide. Er ist eigensinnig und unverwüstlich; er ist stur und lässt sich nicht genmanipulieren.

Auch mein Mentor, der Lory, hat den Dinkel empfohlen. Vor mehr als 30 Jahren brachte er das Dinkelkeksrezept vorbei. Heute sind die Kekse als »Hildegard-von-Bingen-Kekse« bekannt. Neben den Gewürzen wird wahrscheinlich vor allem der Dinkel die versprochene Wirkung bewerkstelligen. Wir können unseren Kreis auch mit Dinkelkeksen kreieren. Nicht nur Ameisen und kleine Tierchen, auch die Geistwesen werden sich sicherlich sehr darüber freuen. Hier das Originalrezept vom Lory:

Gute-Nerven-Kekse
Gewürzmischung herstellen:
45 g Muskatpulver
45 g Zimtpulver
10 g Gewürznelkenpulver

Teig herstellen:
1 kg Dinkelmehl
50–80 g Gewürzmischung
400 g brauner Zucker
4 Eier
500 g Butter oder Margarine

Den Teig dünn ausrollen, Kekse mit 4–5 cm Durchmesser ausstechen und backen. Davon längere Zeit täglich ein Dutzend essen. Das Rezept reicht etwa für 21 Tagesrationen.

Wirkung:
Kinder werden schlau. Die fünf Sinne werden aufpoliert, vorzeitiges Altern gemindert. Heitere Stimmungslage, Frohmut und Erleichterung des bedrückten Herzens. Die Gedanken weiten sich, unser Denken wird froh, unsere Sinne rein, alle schadhaften Säfte in uns mindern sich. Ist gut fürs Blut und macht uns stark. Mensch, was willst du mehr?

Die Kräfte der Richtungen einladen

Wenn wir starke Kräfte einladen wollen, ist es hilfreich, dass wir uns zunächst bewusst machen, um was und um wen es sich hier eigentlich handelt. Die Elemente, die Gottheiten oder die Erzengel sind ja nicht irgendwelche Geister, die uns zu dienen haben. Es sind große Kräfte! Es sind die Kräfte, aus denen das ganze Universum besteht. Man muss sich nur einmal Zeit nehmen, um lange in den Sternenhimmel zu schauen. Dort wirken Kräfte, die sehr viel älter sind als wir selbst. So viel älter! Diese Kräfte werden noch wirken, wenn wir schon lange gestorben sind. In den mystischen Offenbarungen der Kabbala etwa heißt es, dass sich Gott selbst in Form der vier Elemente ins Leben rief. Wenn wir versuchen, uns das vorzustellen, werden wir merken, dass wir mit unserer Vorstellungskraft schnell am Ende angelangen. Diese zahllosen Sonnen, reines Licht, reines Feuer. Die unendlich vielen Planeten, reine Materie. Dazu all die Gase, welche die Himmelskörper umgeben, die Luft – und manchmal auch Wasser, das kostbare Gut! Alles das im endlos tiefen und weiten Raum! Unvorstellbar! Vielleicht können wir eine Ahnung erhaschen. Vielleicht aber können wir eines Tages eine eigene spirituelle Erfahrung machen, die uns dem Großen Geist näherbringt. Um solch eine Erfahrung machen zu können, sind Rituale hilfreich.

Respekt ist allerdings vonnöten. Es sind wirklich große Kräfte, die hier wirken. In gewisser Weise erfordert es einigen Mut, wenn wir selbst, die wir uns im Angesicht des großen Ganzen vielleicht eher klein und schwach fühlen, die vier elementaren Kräfte in unseren winzigen, oberflächlichen, selbst kreierten Kreis einladen wollen. Aber: Wir dürfen das! Weil wir, wie zum Beispiel Jesus selber gesagt hat, alle die Kinder dieses Großen Geistes sind. Mehr noch: Unser kleiner Geist ist letztlich derselbe Geist wie der Große Geist.

Unseren Respekt können wir zum Beispiel innerlich und äußerlich zum Ausdruck bringen, indem wir uns verbeugen. Die Verbeugung vor einem Objekt der Verehrung ist eine zutiefst heilsame Handlung. In Indien ist es üblich, dass sich Menschen auch voreinander verbeugen. Man faltet die Hände, spricht »Namaste« und verbeugt sich. Namaste heißt ungefähr das Gleiche wie »Grüß Gott« bei uns in Bayern. Wörtlich übersetzt heißt es »Ich grüße das Göttliche in Dir«. Wenn wir uns vor den Kräften des Medizinkreises verbeugen, sollten wir in unserem Geist sowohl Demut, Liebe, Achtung als auch Verbundenheit spüren.

Danke sagen und Glück wünschen

Wie bereits gesagt, geht es bei unserer Ritualarbeit darum

1. ein Medizinfeld höherer Kräfte am Anfang durch Anrufung zu erzeugen,
2. das Medizinfeld während des Rituals aufrechtzuerhalten und zu bewahren,
3. das Medizinfeld am Ende des Rituals wieder aufzulösen.

Wenn wir den Medizinkreis nach unserem Ritual auflösen, bewegen wir uns in entgegengesetzter Richtung des Uhrzeigersinns. Meine inzwischen verstorbene Tante erinnerte mich vor vielen Jahren daran, dass auch im Alltag diese Ordnung vorherrscht: Eine Dose mit Schraubverschluss wird rechtsherum zugedreht und linksherum aufgedreht. Genauso funktioniert unser Medizinfeld. Rechtsherum wird das Medizinfeld zugemacht, verschlossen, und linksherum wird es wieder aufgemacht und der Ort wird wieder zur »normalen« Wirklichkeit. Wenn wir unseren heiligen Kreis öffnen, vermischen sich unsere Gebete und rituellen Handlungen mit der »normalen« Welt und beginnen, dort zu wirken. Wie genau die Wirkung aussehen wird, das überlassen wir den höheren Mächten.

Wenn wir unseren Medizinkreis auflösen, beginnen wir in der Mitte und bedanken uns bei Himmel und Erde. Anschließend wenden wir uns den vier Richtungen zu und bedanken uns ebenfalls für die Unterstützung und Anwesenheit. Wir behandeln die höheren Kräfte wie gute Freunde und wie Ehrengäste. Wir sagen Dank fürs Kommen und auf Wiedersehen. Ganz zum Schluss können wir die guten Absichten, mit denen wir in den Medizinkreis getreten sind, dem Wohl aller Wesen widmen, indem wir am Ende beten: »Mögen alle Wesen in allen Welten glücklich sein!«

2. TEIL
Der Medizinkreis,
Symbol der Ordnung

Ich widme dem Medizinkreis einen eigenständigen Teil des Buches, da ich glaube, dass es wichtig ist, dass wir uns zuerst ein tieferes Verständnis dieses universalen Symbols aneignen, bevor wir damit anfangen, die ersten Rituale selbst durchzuführen. Davon, dass die Rituale eine viel stärkere Kraft haben, wenn wir uns in der Vorbereitung wirklich tief mit dem Medizinkreis beschäftigen, bin ich überzeugt.

Der Medizinkreis ist das zweidimensionale Symbol einer vierdimensionalen Wirklichkeit, die sich aus Länge und Breite sowie aus Raum und Zeit zusammensetzt. Länge und Breite sind die ersten beiden Dimensionen. Durch die dritte Dimension, die Höhe, entsteht Raum. Wenn wir – nach Albert Einstein – die Zeit als vierte Dimension hinzufügen, haben wir mit dem Medizinkreis ein universales Abbild unserer Wirklichkeit.

Die Klarheit der Viererordnung gilt auch für die Wissenschaft. Wir brauchen nur an die vier Grundrechenarten in der Mathematik zu denken, die Arithmetik. Carl Friedrich Gauß (1777–1855), einer der bedeutendsten Mathematiker, sagte: »Die Mathematik ist die Königin der Wissenschaften und die Arithmetik ist die Königin der Mathematik.« In der Physik werden vier Grundkräfte genannt, die allen physikalischen Phänomenen der Natur zugrunde liegen.

Im christlichen Zusammenhang kennen wir zum Beispiel die vier Evangelisten, die autorisiert sind, das Wort Jesu in der Bibel zu verbreiten. Von großer Bedeutung sind auch die vier Apostel Petrus, Paulus, Johannes und Markus. Diese werden auch den vier Temperamenten zugeordnet: Sanguiniker, Melancholiker, Choleriker und Phlegmatiker.

Im Buddhismus kennen wir die vier edlen Wahrheiten von der Überwindung des Leids sowie die vier Unermesslichkeiten, nämlich liebende Güte, Mitgefühl, Mitfreude und Gelassenheit. Im Islam gibt es die Geschichte vom Propheten, der im Paradies vom Erzengel Gabriel zu vier Flüssen geleitet wird. Sie bestehen aus Wasser für die Klarheit, Milch für die geistige Nahrung, Honig für die Wonnen des Paradieses und Wein für die ekstatische Erleuchtung.

Dies sind nur einige wenige Beispiele aus Wissenschaft, Kultur und Religion. Die folgende Auswahl an Zuordnungen im Medizinkreis bezieht sich auf mögliche praktische Anwendungen bei unserer Ritualarbeit. So können wir zum Beispiel die verschiedenen Zeiten der Kraft nutzen, um die Wirkung unseres Rituals zu verstärken, oder bei unseren Anrufungen Gottheiten, Engel oder den Geist von Krafttieren um Schutz und Hilfe bitten.

Wichtig zu wissen

Es ist wichtig zu wissen, dass es im spirituellen Medizinkreis keine »einzig richtige« Zuordnung gibt. Eine weitgehende Übereinstimmung herrscht über die Form des Symbols und seine Bedeutung in jenen Kulturen, in denen es noch lebendig ist. Es besteht aus einem Kreis, einem Zentrum und vier Speichen, dem Kreuz. Davon ausgehend haben die verschiedenen Kulturen die jeweiligen Kräfte jedoch unterschiedlich benannt und sortiert. Zum Beispiel gehört das Element Feuer für die Huichol-Indianer in den Osten mit der Begründung, dass die Sonne im Osten aufgeht. Die Tibeter ordnen das Element Feuer dem Buddha Amithaba und dem Westen zu. Je nach Anlass kann aber auch der Buddha Ratnasambhava im Westen seinen Platz haben und mit ihm das Element Erde. Für manche Kulturen gehört das Element Feuer in den Süden, weil dort die Sonne, die ja das Feuer schlechthin repräsentiert, am höchsten steht. Der Medizinkreis ist sehr anpassungsfähig und wandelbar und bleibt sich dabei selbst doch treu.

Es geht darum, mit dem Symbol des Medizinkreises eine allgemeine höhere Ordnung zu verstehen, in der wir zu uns selbst kommen, achtsamer in der Gemeinschaft der Erde leben und das große Ganze erfassen können. Beim Betrachten der Zuordnungen in diesem Kapitel erkennen wir, dass die verschiedenen Aspekte miteinander Beziehungen eingehen – dass der Medizinkreis ein Symbol ist, das Struktur schafft und zugleich Raum lässt, um gedanklich Zusammenhänge zu kreieren. Die verschiedenen Begriffe und Eigenschaften können sich zu einem größeren Ganzen verdichten. In diesem Sinne fördert die Betrachtung des Medizinkreises das komplexe, ganzheitliche Denken im Gegensatz zum linearen Denken.

Es geht ganz gewiss nicht darum, starre Ansichten und neue Dogmen zu entwickeln. Auch habe ich es nach bestem Vermögen unterlassen, etwas nur um der Ordnung willen in die Ordnung des Medizinkreises hineinzupressen. Für mich ist es ein lebendiges System, das hoch integrationsfähig ist, wandelbar, beweglich und eben nicht starr. Bei der eigenständigen Beschäftigung mit dem Symbol wird jeder für sich selbst herauszufinden, was stimmig ist.

Dazu eine kleine Geschichte: Vor etlichen Jahren machte ich bei einem Feuerlaufritual mit. Bevor der riesige Haufen Holz angezündet wurde, leitete der Seminarleiter ein Ritual an, um die Kräfte der

Himmelsrichtungen einzuladen. Wir standen im Kreis um den Holzhaufen herum und wandten uns jeweils der angerufenen Richtung zu. Dabei machten wir eine Gebärde der Ehrung. Als der Seminarleiter zum Norden kam, rief er im Norden die Kraft der Luft an. Im Westen rief er die Kraft des Feuers an. Ich stand im Kreis und machte klammheimlich im Stillen meine eigenen, meiner Meinung nach »richtigen« Anrufungen. Den Westen rief ich als Kraft des Wassers, den Norden als Kraft der Erde und so weiter. Und siehe da: Die Kräfte kamen mit großer Macht! Und zwar in Form eines sagenhaften Gewitters! Obwohl der Wetterbericht eine ruhige Wetterlage vorhergesagt hatte, kam ein starker Wind auf und brachte dicke schwarze Regenwolken mit. Diese Wolken ließen ihr Wasser mit viel Spektakel, mit gehörigem Donnerrollen und unter mächtigen Blitzen direkt auf unser schönes Feuer herabregnen. Für den Feuerlauf einer größeren Gruppe braucht man ein ordentlich großes Feuer – unseres ist damals buchstäblich in den Wassergüssen ersoffen. Der Feuerlauf musste abgesagt werden.

Ich bin mir heute sicher, dass die Elemente selbst damals als Lehrmeister aufgetreten sind. Vielleicht wollten sie sagen: »Also, wenn ihr uns schon ruft, dann einigt euch bitte vorher!« Vielleicht wollten sie mir auch ganz speziell sagen: »Liebe Monika, wenn ein anderer Schamane ein Ritual anleitet, dann musst du dich da nicht einmischen! Der kann das ganz gut auch ohne dich!«

Eine ganz ähnliche Geschichte hab ich kürzlich von dem Schamanen und Wissenschaftler Alberto Villoldo gehört. Er erzählte von einer vier Tage dauernden Zeremonie in den südamerikanischen Anden. Eine sehr alte und sehr ehrwürdige Medizinfrau rief zu Beginn der Zeremonie die Himmelsrichtungen an. »Kraft des Ostens, Kraft des Sonnenaufgangs, ich rufe dich!« Alberto zupfte seinen Nachbarn am Ärmel und flüsterte: »Aber Osten ist doch in der anderen Richtung …« Der Nachbar flüsterte zurück: »Bleib cool. Für die nächsten vier Tage ist Osten dort, wo sie gesagt hat!«

Die Zuordnungen, die ich hier präsentiere, sind als Anregung gedacht. Sie sind nicht vollständig, denn es gibt gewiss noch viele weitere Zuordnungen, die wir in den Medizinkreis einfügen können. Der Medizinkreis als Symbol ist ein Hilfsmittel, um die Welt um uns herum besser verstehen zu können. Er wirkt wie eine Brille bei Sehschwäche: Wir setzen die Brille auf und sehen die Welt ganz einfach, klar und schön!

Orientierung im Raum

Der Medizinkreis und die Himmelsrichtungen

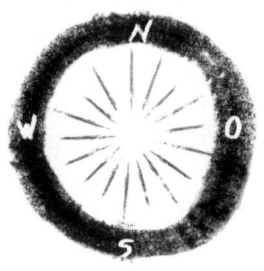

O = Osten
S = Süden
W = Westen
N = Norden
Mitte = Raum

Vielleicht klingt es verwunderlich, dass die vier Himmelsrichtungen hier als spirituelle Hilfsheilmittel erwähnt werden. Sollen wir etwa anfangen, den Osten anzubeten?

Für mich bedeutet die Anrufung der Himmelsrichtungen nichts weiter, als mich in meinem Medizinkreis einzurichten. Ich stelle mir vier Tore vor, eins in jeder Richtung. In die vier Tore meiner Vorstellung lege ich jeweils ein Geschenk in der Art der vier Elemente für meine »Gäste«.

Dennoch ist es nicht so, dass etwa »der Osten« keine spirituelle Kraft wäre, was folgendes Erlebnis zeigt: Mein Enkelsohn Elias lernte gerade sprechen und wir hüpften auf seinem Trampolin im Garten herum. Da kam mir die Idee, Elias die Himmelsrichtungen zu zeigen. Ich fragte ihn, ob er den Süden kenne. Das Wort war neu für ihn. Im Frühsommer war Elias in Italien gewesen, am Meer. »Süden ist, wo Italien ist, der Strand, die Sonne, das Meer …« Elias erinnerte sich daran und auch an die lange Fahrt, bis sie endlich angekommen waren. Wir hüpften weiter im Kreis, zum Westen. Ich erzählte Elias vom Westen, dass dort ein noch viel größeres Meer war, der Atlantik, und dahinter Amerika. Weit, weit weg. In diesem Moment verfiel Elias in eine Art Trance und ich meinte wahrzunehmen, wie das Wort »Westen« von weither kam, in seinen Geist eintrat, und wie Elias das Wort in sich aufnahm, als etwas, das zugleich weit über den Horizont hinausragte.

Die Erschaffung der Wirklichkeit mit Worten ist ein tiefgründiges Feld von Philosophie und Spiritualität. Gerade so scheinbar gewöhnliche Worte wie »Süden« oder »Norden« erschaffen unsere kollektive Wirklichkeit.

Der Medizinkreis und die Elemente
sowie ihre Eigenschaften

O = Luft = leicht, beweglich (gasförmig)
S = Feuer = heiß, sich ausdehnend (plasmaförmig)
W = Wasser = kalt, sich zusammenziehend (flüssig)
N = Erde = starr, unbeweglich (fest)
Mitte = Das fünfte Element, Quelle von Raum
und Zeit, Quelle aller Eigenschaften, zugleich ohne
eigene Eigenschaft

Die Zuordnung Luft für den Osten usw. ist die für mich stimmige Ordnung. Ich spüre vom Osten her einen klaren Geist wehen. Luft und Klarheit harmonieren miteinander. Im Süden spüre ich eine heiße, leidenschaftliche Kraft. Vom Westen her kommt bei uns in Bayern meistens der Regen. Und im Norden fühle ich die Erde, kühlen, fruchtbaren Lehmboden, goldene Getreidefelder.

Für unsere Heilrituale sind die genannten Eigenschaften der Elemente von Bedeutung, denn wir können uns in diese Eigenschaften hineinversetzen, um nach und nach eine gute und tiefe Verbindung zu diesen Kräften herzustellen.
Wir können uns zum Beispiel in der Meditation mit dem Gefühl von Hitze so stark verbinden, bis

sich unser Körper wirklich erwärmt. Es gibt Berichte von tibetischen Mönchen und Nonnen, die diese Übung so perfekt beherrschen, dass sie bei Minusgraden kaum bekleidet draußen in der Kälte sitzen und meditieren, während um sie herum der Schnee schmilzt. Diese sehr fortgeschrittene Meditationspraxis wird Tummo genannt. Sie soll nicht dem Sparen von Feuerholz dienen, sondern vor allem dem Verbrennen der eigenen inneren Widerstände und Hindernisse. Wir werden diese Praxis vermutlich eher nicht erlernen, aber auch wir können uns vorstellen, wie unsere eigenen Schwächen verbrennen. Oder wie wir uns mitsamt all unseren Probleme in einem Ballon in die Luft erheben und immer leichter und leichter werden, immer höher hinaufsteigen, bis der Ballon platzt und alle Probleme sich ganz im freien Raum auflösen. Manche Probleme lösen sich nach einer Zeit so vollständig auf, dass wir sogar vergessen, dass sie jemals existierten.

Orientierung in der Zeit

*Der Medizinkreis und die Jahreszeiten
sowie die Jahreskreisfeste*

O = Frühling, Frühjahrs-Tagundnachtgleiche
(Ostara, Ostern)
S = Sommer, Sommersonnwende (Johannifeuer)
W = Herbst, Herbst-Tagundnachtgleiche
(Erntedankfest, Michaeli)
N = Winter, Wintersonnwende (Weihnachten)
Mitte = Zeitraum im Jahresrhythmus, Sonnenjahr

In unserem Kulturkreis wird der Frühling mit dem
Osterfest gefeiert, dessen Termin sowohl nach dem
Sonnenjahr als auch nach dem Mond berechnet
wird. Es ist das erste Wochenende nach dem Vollmond nach der Frühjahrs- Tagundnachtgleiche am
20./21. März.
Im Sommer wird zur Mittsommernacht das Johannifeuer angezündet. Im katholischen Chris-

tentum ist Johannes der Täufer der Patron dieser Zeit. Ein lebhaftes Brauchtum hat sich über die Jahrhunderte rund um dieses Datum erhalten. Verliebte Paare tanzen in der Johanninacht um das Feuer herum, damit die Freude an der leidenschaftlichen Liebe lange erhalten bleibe. Das Feuerholz wird an manchen Orten geschmückt mit bunten Bändern und würzigen Kräuterbuschen. Für die Bauern beginnt nach der Feier die Erntesaison und manch ein Bauer schickt sicher auch heute noch ein Gebet um günstige Wetterbedingungen mitsamt den Flammen in den Himmel hinauf. Meine Tante wusste noch, dass Angelikawurzel, ein Heilmittel zum Räuchern gegen übelwollende Geister, in der Johanninacht ausgegraben wird, damit sie ihre volle Kraft entfalten kann.

Um die Herbst-Tagundnachtgleiche herum wird das Erntedankfest gefeiert und am 29. September das katholische Fest der Erzengel.

Im Winter wird im Christentum weltweit Weihnachten besonders herzlich gefeiert. In den Raunächten vom 24. Dezember bis zum 6. Januar werden heute noch die alten germanischen Gottheiten und ihre Mythen gewürdigt. Die Arbeit ruht weitgehend, Haus und Hof sind über die Feiertage geschmückt und werden mit kostbaren Rauchwaren energetisch gereinigt. In den Geschichten am Herdfeuer fegt Wotan in seinem Fuchswagen durch

Himmel und Erde und die schöne Holly schüttelt die himmlischen Decken aus, so dass der Himmelsstaub in Form von wunderschönen Kristallen aus Schnee zur Erde fällt.

All dies sind besondere Zeiten, in denen wir für höhere Kräfte besonders empfänglich sind und die sich somit sehr gut für Rituale eignen.

Der Medizinkreis und die Mondphasen sowie die Mondfeste

NO = zunehmender Mond im Februar, chinesisches Neujahr, keltisches Imbolc-Fest
SO = Vollmond im Mai, buddhistisches Vesakh-Fest, keltisches Beltane-Fest
SW = abnehmender Mond im August, keltisches Schnitterfest
NW = Neumond im November, Allerheiligen, keltisches Samhain-Fest
Mitte = Zeitraum im Rhythmus des Mondes

Die Christianisierung der alten Mondfeste erfolgte über Jahrhunderte. Im christlichen »Lichtmess« können wir eine Übernahme des irisch/keltischen Imbolc-Festes erkennen. Wo früher Brigit, die Helle und Strahlende, die »Kriegerin des Lichts« verehrt wurde, finden heute Kerzenweihe und an manchen Orten Lichterprozessionen zu Ehren der Heiligen Jungfrau statt.

Wo früher ausgelassen das Beltane-Fest gefeiert wurde, gingen die Frauen später sittsam gekleidet in die Maiandachten zu Ehren der Mutter Maria. In vorchristlicher Zeit war Beltane das große Fest der Fruchtbarkeit. Die jungfräuliche Göttin vermählte sich mit dem göttlichen Jäger. So wurden die beiden zu Mann und Frau. Aus der Energie der sexuellen Vereinigung und Ekstase entsprang die Fruchtbarkeit der Felder. Die Felder waren so mit Liebe gesegnet. In buddhistischen Ländern wird die Zeit des Vollmonds im Mai heute noch als Geburtsfest des Buddha hingebungsvoll gefeiert. Die Menschen singen und tanzen mindestens drei Tage und Nächte in den Städten und Dörfern und lassen es sich gut gehen.

Im August haben wir heute in Bayern einen zusätzlichen Feiertag, »Mariä Himmelfahrt« wird in vielen Orten als Dorffest gestaltet. Unsere Vorfahren feierten Schnitterfeste und brachten die Ernte ein.

Halloween-Feste in der Nacht zum 1. November sind Nachfolger der vorchristlichen Neumond-Ahnenfeste. Irische Auswanderer pflegten das Brauchtum in den USA weiter und bauten es aus. Die ausgehöhlten und mit Kerzen von innen beleuchteten Kürbisköpfe oder Futterrüben gehen auf die alte Legende von Jack O'Lantern zurück. Der Trunkenbold Jack verkaufte in einer Kneipe dem Teufel seine Seele gegen einen Schnaps. Weil der Teufel kein Geld dabeihatte, verwandelte er sich selbst in eine Münze, um den Drink zu bezahlen. Jack aber, nicht dumm, griff schnell nach der Münze und verschloss sie gut in seinem Beutel. Als Jack schließlich viele Jahre später starb, durfte er wegen seiner zahlreichen Laster den Himmel nicht betreten. In der Hölle wurde er aber auch nicht aufgenommen, weil er ja den Teufel ausgetrickst hatte. Der Teufel schickte ihn zurück, von woher er gekommen war. Weil der Weg aber so kalt und dunkel war, hatte der Teufel Erbarmen und schenkte ihm eine glühende Kohle, direkt aus dem Höllenfeuer. Jack steckte die Kohle in eine alte Rübe, die er als Wegzehrung mit ins Grab bekommen hatte, und wandert seither in der Halloween-Nacht mit dieser Laterne herum. Seit den 90er-Jahren erfreut sich das in den USA weiter ausgebaute Halloween-Brauchtum in Europa immer größerer Beliebtheit.

Diese Ahnenfeste Anfang November sollten uns daran erinnern, wie heilsam es ist, wenn wir unsere Vorfahren ehren und würdigen: Die eigenen Wurzeln erkunden, Frieden mit Verstorbenen schließen, die eigene Sterblichkeit im Auge behalten, all das sind heilsame Beschäftigungen.

Die Orientierung in der Zeit mittels der Beobachtung des Mondrhythmus ist wahrscheinlich älter als die Orientierung am Sonnenjahr, welche komplexere Berechnungen benötigt, wie das Einfügen der Schaltjahre. Deshalb sind die Mondfeste seit Urzeiten beliebte Zeitpunkte für Rituale, die wir heute noch nutzen können, um mit uns selbst und der Natur im Jahreswandel in Kontakt zu kommen.

Der Medizinkreis und die Lebenszeiten

O = Kindheit (bis 30 Jahre)
S = Jugend (bis 60 Jahre)
W = Erwachsenenalter (bis 90 Jahre)
N = Alter (bis 120 Jahre)
Mitte = menschliche Lebenszeit

Im Yoga heißt es, bei vernünftiger, guter Lebensweise nach »Yoga-Art« und gesunder Ernährung können wir etwa 120 Jahre alt werden. Bei einer Einteilung in vier Lebensalter, nämlich Kindheit, Jugend, Erwachsensein und Alter würde unsere Kindheit nach diesem Schema bis zum 30. Lebensjahr dauern. Bis zum 60. Lebensjahr wären wir demnach Jugendliche, erst danach würden wir allmählich erwachsen werden und schließlich mit 90 Jahren in die Weisheit des Alters eintreten und in diesem Zustand bis zu unserem Tod mit etwa 120 Jahren bei guter Gesundheit verweilen!
Ich finde, es steckt eine gute Portion Wahrheit in dieser Aussage, die fast wie ein Witz klingt. Bis

zu unserem 30. Geburtstag sind wir in mancherlei Hinsicht noch »jung und dumm«. Im Alter zwischen 30 und 60, in unserer Jugend, verbrennen wir den Großteil unserer Schaffenskraft. Erst mit etwa 60 Jahren fühlen wir uns einigermaßen erwachsen – das ist vielleicht auch die Zeit, in der die feurigen, erotischen Liebesbedürfnisse abnehmen und wir uns mehr der Freundschaftsliebe widmen. Wir werden langsamer, bedächtiger. Schließlich treten wir mit etwa 90 Jahren aufgrund unserer zahlreichen Erfahrungen in die Phase der Altersweisheit ein. Wir leben noch eine Weile, die Überschreitung der »Hunderter-Marke« ist heute nicht mehr allzu selten, und dann sterben wir friedlich, um vielleicht schon bald ein neues Leben zu beginnen.

In diesen Zeiten des Übergangs können wir Rückschau halten und uns geistig und seelisch für einen neuen Lebensabschnitt öffnen. Rituale im Medizinkreis können uns dabei helfen.

Orientierung in religiösen Systemen

Es gibt zwar verschiedene Konzepte, Worte und Wege – aber das, was wir im Christentum mystische Erfahrung nennen, fühlt sich vermutlich für eine Muslima ganz genauso an. Ich vergleiche die Wege der Religionen gern mit den verschiedenen Wegen, die auf den Hohen Peißenberg, den Berg meiner Heimat, hinaufführen. Manche Wege führen gemütlich zum Ziel, dauern aber etwas länger. Andere Wege sind steil und kurz. Mittlerweile gibt es auch eine Autostraße. Das Ziel ist immer der Gipfel und dieser ist immer derselbe, egal auf welchem Weg man zu ihm gelangt. Es macht keinen Sinn, sich darüber zu streiten, welcher Weg der bessere ist.

Der Medizinkreis ist ein universales Symbol, und so haben auch alle Religionen in ihm Platz. Manche von uns möchten vielleicht Rituale für den Weltfrieden machen, denn Kriege werden oft als Religionskriege inszeniert. Für diesen Zweck macht es Sinn, Gaben, Symbole und Anrufungen für die verschiedenen Weltreligionen darzubringen und im Medizinkreis für die Einheit der Religionen zu beten.

Der Medizinkreis und die Krafttiere
der Schamanen

O = Adler, Falke, Ara, Kondor, Libelle,
Biene, Schmetterling u.a.
S = Salamander, Drache, Löwe, Kamel, Wolf u.a.
W = Delfin, Wal, Lachs, Forelle, Bär u.a.
N = Büffel, Kuh, Schaf, Ziege, Schnecke u.a.
Mitte = Geist aller Tiere

Die Tiere, die ich hier als Beispiele nenne, wurden von mir und Frauen aus meinen Seminaren als Krafttiere wahrgenommen und einem der vier Elemente oder einer der Richtungen zugeordnet. Intuitiv gehört für mich zum Beispiel der Bär in das heilerische Feld des Westens, obwohl er kein Wasserwesen ist. Doch Bären leben gern an Flüssen, um nach Fischen zu angeln. Jedoch haben wir alle unsere eigenen Assoziationen und sollten auf unser Gefühl hören. Nicht jede Zuordnung erscheint jedem logisch. Eigene Krafttiere zu entdecken ist eine spannende Angelegenheit. Auch wenn wir schon eigene Krafttiere haben, können wir diese noch näher erforschen: Ist der Drache auf meinem Scheitelchakra ein Wasserdrache, ein Steindrache, ein Wolkendrache oder ein Feuerdrache? Ist für mich der Seeadler enger mit dem Wasser oder mit der Luft verknüpft?

So wie es einen Geist der Pflanzen gibt, den wir zum Beispiel in der Homöopathie nutzen, gibt es auch den Geist der Tiere. Bei Pflanzen sprechen wir von Gottheiten oder Devas, die sozusagen die Medizin einer Pflanze als Geschenk auf die Erde gebracht haben. Die Deva des Schlafmohns etwa wird in Mythen als wunderschöne Göttin beschrieben, deren Herz vor Mitgefühl für die leidenden Wesen überquillt. Deshalb hat sie den Menschen den Mohn geschenkt, damit wir daraus eine sehr starke – und bei Missbrauch sehr gefährliche – Medizin gegen unerträgliche Schmerzen gewinnen können.

Ebenso gibt es die Medizin der Tiere. In der Sicht der Schamanen besitzt jedes Tier eine eigene Medizin, einen innewohnenden Geist, der für uns Menschen hilfreich sein kann. Die Adler-Medizin zum Beispiel verleiht uns einen guten Überblick, die

Sicht von oben. Die Wolf-Medizin lehrt uns die Zusammengehörigkeit und die soziale Ordnung, so wie sie im Rudel gepflegt wird. Delfine schenken uns Heiterkeit und Büffel oder Kühe gelten in weiten Teilen der Erde von Nordamerika bis Indien wegen ihrer Sanftmütigkeit und wegen der Fruchtbarkeit, die sie dem Boden schenken, als heilig. Die Ratte sieht und hört die Details, weil sie so klein und »niedrig« ist und überall auf der Suche nach (geistiger) Nahrung herumschnüffelt. Die tatsächliche Verbindung unseres eigenen Geistes mit dem Geist eines Tieres braucht Zeit und echtes Bemühen. Wenn die Verbindung schließlich von beiden Seiten her geschlossen ist, haben wir eine gute geistige Medizin gewonnen. Der Adler-Geist etwa kann uns dann ein weitsichtiger Berater in Notlagen sein.

Der Medizinkreis und die Erzengel im Christentum

O = Uriel
S = Michael
W = Raphael
N = Gabriel
Mitte = Schöpfergott,
Schöpfer von Raum und Zeit

Im Christentum wurde der jüdische Glaube an die Existenz von Erzengeln übernommen und jahrhundertelang gelehrt. Im Christentum werden Engel nicht angebetet, aber geehrt. Theologen beschäftigten sich bis ins späte Mittelalter mit der Rangordnung und »tatsächlichen« Zahl der Engel und Erzengel. In den katholischen und orthodoxen Kirchen besteht die Lehre von den Erzengeln fort, die reformierten Kirchen lehnen sie eher ab. Die Viererordnung der Erzengel bezieht sich auf die frühen Lehren im Christentum; in der Tradition der jüdischen Kabbala werden noch einige weitere Engel erwähnt.

Die vier hier genannten Engel sind in unserem Kulturkreis weitgehend bekannt. Die Zuordnung ist so, wie sie für mich stimmig ist. Andere Menschen sind vielleicht so geprägt, dass sie den Erzengel Michael nur mit dem Schwert und mit dem Hauptaspekt der Klarheit (= Luft = Osten) sehen können – in so einem Fall ist es vollkommen in Ordnung, die Flexibilität der Zuordnungen im Medizinkreis zu nutzen und Michael im Osten zu ehren. Wichtig ist nur, dass bei Ritualen, die gemeinsam mit mehreren Leuten durchgeführt werden, eine Einigung hergestellt ist. Sonst verliert das Ritual an Kraft.

Wenn wir uns zu Engeln und Erzengeln hingezogen fühlen, dann können wir diese in unseren Heilritualen zu unserem Schutz und unserer Unterstützung in unseren Medizinkreis einladen. Die später vorgestellten Rituale sind keine rein »christlichen« oder rein »indianischen« Rituale. Es sind eher »Eine-Welt-Rituale«.

Der Erzengel Uriel im Osten wird in der Kunst oft mit einem Schwert dargestellt, dem Symbol für Luft. Uriel hilft bei Unbeweglichkeit und Starre. Hier das Gebet eines unbekannten Verfassers zum Erzengel Uriel:

> Oh Uriel, Schwert Gottes,
> erleuchte uns, auf dass wir sehen,
> erleuchte uns, auf dass wir verstehen.
> Schütze uns vor allem Unbill. Amen.

Der Erzengel Michael im Süden wird entweder mit einem Flammenschwert oder einem Speer gemalt, beides Symbole des Feuers. Er besiegt mit seiner Waffe Luzifer, den Lichtträger, der oft als Drache gezeigt wird, und verstößt ihn aus den himmlischen Sphären.

Dazu fällt mir eine kleine Geschichte ein: Gott, der Allmächtige, war gerade fertig mit seiner Schöpfung und sehr stolz auf sein letztes Werk: Der Mensch! Er befahl all seinen Engeln, sich vor dem Menschen zu verbeugen. Die Engel traten vor den

Thron Gottes und verneigten sich vor dem Menschen, der soeben von Gott erschaffen worden war. Luzifer jedoch weigerte sich. Er erinnerte Gott daran, dass er selbst gesagt habe, er dürfe sich vor niemandem außer vor Gott selbst verbeugen. Und nun solle er sich vor einem Klumpen Lehm verneigen? Niemals! Gott bestand darauf und Luzifer beharrte ebenso auf seiner Meinung. Zu Luzifer gesellte sich ein Drittel der himmlischen Heerscharen, die vom revolutionären Geist des mächtigen Lichtträgers erfasst worden waren. Auf Geheiß des Allmächtigen kämpfte Michael mit Luzifer, der bis dahin der hellste, stärkste und leuchtendste aller Engel gewesen war. Michael siegte und stieß Luzifer mit seinem Speer in die Tiefe. Luzifer stürzte tiefer, immer tiefer und landete auf der Erde. Hier ist er seitdem damit beschäftigt, Gott zu beweisen, dass die Menschen es nicht wert sind, dass man sich vor ihnen verbeugt. Sein Herz aber ist noch voller Sehnsucht und Liebe zu Gott, der ihn verstieß.

Als ich meinen Kindern diese Geschichte erzählte, hatten sie sofort Mitleid mit dem »armen Teufel«.

Der Erzengel Raphael gehört für mich zur Kraft des Wassers im Westen. Sein Attribut ist neben der Pilgerkleidung der Fisch. Sein Name bedeutet: Heilen mit der Kraft Gottes. Raphael soll es gewesen sein, der dem Noah die Anleitung zum Bau der Arche gegeben hat. Den jungen Tobias hat er bei einer Reise begleitet und dabei seine Nöte angehört. Tobias wollte Sarah heiraten. Doch Sarah war in die Fänge eines Dämons geraten, der sie begehrte, weil sie so schön war. Sarah war schon sieben Mal verheiratet worden, doch der Dämon tötete jeden Ehemann in der Hochzeitsnacht. Sarah war bereits dem Selbstmord nahe. Kein Wunder, dass Tobias mulmig zumute war. Raphael zeigte ihm, wie der Fluch des Dämons zu lösen sei. Tobias sollte mit Herz und Niere des Fisches, den sie unterwegs gefangen hatten, das Brautgemach ausräuchern. Der Fluch war daraufhin gebannt, der Dämon floh nach Ägypten, wo er von einer Schar Engel gefangen genommen wurde. Sarahs Hochzeit mit Tobias wurde sieben Tage lang gefeiert und die beiden wurden glücklich miteinander. Nebenbei konnte noch der blinde Vater mit der Galle des Fisches geheilt werden.

Raphael gilt als der Freundlichste und Fröhlichste unter den Erzengeln und ist der sanfte Heiler unter den Engeln.

Der Erzengel Gabriel wird mit einer Lilie dargestellt, der Blume der Fruchtbarkeit. Im Islam ist er der Engel, der dem Propheten die Heilige Schrift einflüsterte. Im Christentum brachte er Maria die Botschaft ihrer Schwangerschaft.

Rainer Maria Rilke hat einige wunderschöne Gedichte verfasst, in denen Engel gewürdigt werden.

Ein Gedicht eignet sich auch als Gabe bei der Erschaffung unseres Medizinkreises.

Ich ließ meinen Engel lange nicht los,
und er verarmte mir in den Armen
und wurde klein, und ich wurde groß:
Und auf einmal war ich das Erbarmen,
und er eine zitternde Bitte bloß.

Da hab ich ihm seine Himmel gegeben, –
und er ließ mir die leisesten Träume zum Pfand;
er lernte das Schweben, ich lernte das Leben,
und wir haben langsam einander erkannt ...

Der Medizinkreis und die Madonna

O = Die Weiße Madonna, die heilige Jungfrau
S = Die Rote Madonna,
die Mutter Gottes, die Fruchtbare
W = Die Schwarze Madonna,
die Sterbebegleiterin, die Pieta
N = Die Goldene Madonna, die siegreiche
Kriegerin und Königin des Himmels
Mitte = weibliche Gottheit

Obwohl das Christentum eine durch und durch
männlich geprägte Religion ist, hat sich in der Figur der Madonna die weibliche Seite des großen
Ganzen bis heute tapfer erhalten.

Die Madonna tritt uns im Medizinkreis in vier Urgestalten gegenüber:

»**Die Weißgewandete**« ist die Urform der Heiligen Jungfrau. Sie ist unberührt und noch frei von (sexueller) Gier.

»**Die Rote**« ist die fruchtbare Frau und Mutter in der Phase des Lebens, in der sie blutet und Kinder gebären kann. Interessant ist, dass es nur wenige christliche Darstellungen der »Roten Madonna« gibt – die Maler des Mittelalters haben jedoch die »Sünderin Maria Magdalena« immer in roten oder rot-grünen Gewändern gemalt. Manche Historiker leiten daraus ab, dass die Farbgebung ein Hinweis auf die Legende sei, dass Maria Magdalena mit Jesus ein gemeinsames Kind hatte. Im Gegensatz zu den anderen Farben der Madonna hat sich der Begriff »Rote Madonna« bisher nicht etabliert. Zwar erfreut sich die »Mutter Gottes« großer Beliebtheit, doch scheut sich die Kirche, die Mutter Gottes als »Unreine« zu sehen, mit monatlichen Blutungen, gewöhnlichem Sex mit ihrem Ehemann – eine »normale« Frau und Mutter. Vielleicht spielt auch eine Rolle, dass die Farbe Rot mit Krieg assoziiert wird und Frauen nicht in den Krieg ziehen sollten. Ich habe den Begriff der »roten Kriegerin im Medizinkreis« von einer Indianerin mit dem schönen Namen Mondreh gelernt. So gesehen klingt die einzige wörtlich überlieferte Rede der christlichen Mutter Maria durchaus kriegerisch, auch heute noch:

Denn der Mächtige hat Großes an mir getan,
und sein Name ist heilig.
Er erbarmt sich von Geschlecht zu Geschlecht über
alle, die ihn fürchten.
Er vollbringt mit seinem Arm machtvolle Taten:
Er zerstreut, die im Herzen voll Hochmut sind;
Er stürzt die Mächtigen vom Thron und erhöht die
Niedrigen.
Die Hungernden beschenkt er mit seinen Gaben und
lässt die Reichen leer ausgehen.
(MAGNIFICAT, LK 1,46–55)

Die Schwarze Madonna soll sogar noch älter sein als das Christentum selbst. Sie ist die Ur-Maria, die aus dem Meer, dem Mare Geborene, die Große Mutter, die uns selbst im Sterben nicht verlässt, sondern zu unserer nächsten Wiedergeburt führt. Die Schwarze Göttin ist in der westlichen Religionsgeschichte eine wohlbekannte Figur. Ihre Namen waren auch Kybele, Astarte, Isis, Ischtar, Artemis, Demeter und Hekate. Insbesondere die ägyptische Isis, die ihren ermordeten Bruder und Gatten Osiris zu neuem Leben erweckte, galt als Göttin der Toten. Die christliche Schwarze Madonna und der Marienkult überhaupt stehen in dieser jahrtausendealten Tradition.

Die Goldene Madonna schließlich ist die siegreiche Kriegerin unter den Urgestalten, die Königin des Himmels und der Erde. Seit 1954 wird das katholische Fest »Maria Königin« am 22. August gefeiert.

Wir können uns bei Ritualen an diese Urformen der weiblichen Gottheit halten, Vertrauen und Zuflucht bei ihnen suchen und finden. Es wirkt.

Der Medizinkreis und die Gaben

O = gedankliche Gaben,
Dank und Widmung als Ge-Danke
S = innere Gaben, inneres Feuer der
Leidenschaft als Gabe
W = geheime Gaben, Gefühle der Hingabe
und der Liebe als Gabe
N = äußere, materielle Gaben
Mitte = letztendliche Gaben,
unser ganzes Dasein als Gabe

Wenn wir draußen in der Natur einen Medizinkreis gestalten, um dort Heilung zu finden, bringen wir Gaben mit. Wir kommen nicht mit leeren Händen. Die nicht-materiellen Gaben können wir jederzeit selbst in uns erzeugen: Achtsame und freundliche Gedanken, ein leidenschaftlicher Gesang, das Gefühl von Vertrauen und Hingabe. Es kann vorkommen, dass spontan bei einem Spaziergang die Lust auf ein Heilritual entsteht. Wenn wir keinen Dinkel für unseren Kreis dabeihaben, dann können wir den Kreis notfalls auch mit einer Gebärde und in Gedanken ziehen. Als äußere, materielle Gabe eignen sich in einem solchen spontanen Notfall zum Beispiel auch die eigenen Haare: Ein paar Haare auszupfen und dem Wind mitgeben! Das ist eine Geste, die aussagt, dass wir unseren eigenen Leib als Gabe mitbringen, das Kostbarste, was wir überhaupt haben. Natürlich ist es auch sehr gut, sorgfältig vorbereitete Gaben mitzubringen. Ein Gedicht, das auswendig gelernt wurde. Ein lange einstudierter Gesang, begleitet auf einem Musikinstrument. Ein sorgfältig zusammengestellter Blumenstrauß. Ein kostbarer Duft. Wenn wir darüber nachdenken, wie wir die Geistwesen des Medizinkreises mit unseren Gaben erfreuen können, dann tun wir letztlich unserem eigenen Geist Gutes, denn die Großzügigkeit des Schenkens wird im eigenen Geist aufgebaut und heilt uns von dort ausgehend in einem ganzheitlichen Sinne.

3. TEIL
Alte Heilrituale
im Medizinkreis

Heilrituale mit der Kraft des Windes im Osten

Frühling lässt sein blaues Band
Wieder flattern durch die Lüfte
Süße, wohlbekannte Düfte
Streifen ahnungsvoll das Land.
Veilchen träumen schon,
Wollen balde kommen.
Horch, von fern ein leiser Harfenton!
Frühling, ja du bist's!
Dich hab ich vernommen!

EDUARD MÖRIKE

Mit dem Element Luft stehen wir ständig in einer äußerst intimen Beziehung. Wir atmen ein und nehmen damit Sauerstoff auf. Beim Ausatmen geben wir Kohlendioxid ab. Über unseren Atem sind wir eng mit unserem Heimatplaneten verbunden. Wir leben und atmen in dieser hauchdünnen Luftblase, ähnlich wie Fische im Wasser. Durch das Element Luft sind wir auch tief mit unseren Freunden, den Bäumen verbunden. Wir wissen schon lange, dass die großen Urwälder für den Gesamtorganismus Erde wie Lungen funktionieren.

Die Luft hat neben Sauerstoff und Kohlenstoff noch andere Bestandteile. Die Lufthülle unserer Planeten besteht zu etwa 80 Prozent aus Stickstoff. Manitonquat, Geschichtenerzähler und Ältester der Wampanoag-Indianer sprach davon, dass Stickstoff beim Atmen nicht verwandelt oder genutzt wird, sondern immerzu einfach weiterwandert, von Wesen zu Wesen. Es könnte sein, dass wir jetzt gerade, in diesem Moment ein Stickstoffteilchen einatmen, das lange zuvor schon von Jesus geatmet wurde. Oder von Mozart. Oder von einem Dinosaurier. Wir sind also über das Atmen sogar mit Vergangenheit und Zukunft verbunden. Wenn wir längst gestorben sind, wird der Stickstoff, der durch unsere Lunge gewandert ist, in eine andere Lunge eintreten. Vielleicht werden so auf einer unvorstellbar feinen Ebene Informationen übertragen? Wer weiß.

Im spirituellen Sinn ist das Element Luft ein heiliger Geist. Genauer gesagt: Ein heiliges Geistwesen. Dieser heilige Geist beatmet uns, solange wir leben. »Es atmet mich« ist eine tiefe spirituelle Erfahrung, über die immer wieder berichtet wird. Wenn wir es selber erfahren haben, wissen wir, was damit gemeint ist. Solange wir es nicht selbst erfahren haben, können wir eine Ahnung davon in uns tragen, wie es sich wohl anfühlt, wenn wir eintauchen in eine Einheit, in der wir gar nicht selber atmen, sondern von jenem heiligen Geist beatmet werden.

Die folgenden Rituale korrespondieren mit dem Teil des Medizinkreises, dem wir unter anderem das Element Luft, den Frühling, den Sonnenaufgang und den Übergang von der Kindheit zur Jugend zuordnen.

Sonnenaufgangsritual

Dieses Ritual war eines der ersten, die mir der Lory gezeigt hat. Dabei werden die Heilkräfte, die durch die Hände fließen, aktiviert. Als ich Jahre nach diesen ersten Einweihungen in Süddakota war, sah ich dort im Museum das Bild eines Indianers, der in der exakt gleichen Körperhaltung dastand, wie der Lory sie mir gezeigt hatte. Die Arme etwa auf Kopfhöhe erhoben, die Handflächen der aufgehenden Sonne entgegengestreckt, um sie zu begrüßen. Ich blieb lange vor dem Bild stehen und wunderte mich nicht wenig, dass die Selbstheilungskräfte wohl auf der ganzen Welt durch solch einfache Rituale auf eine ähnliche Art und Weise aktiviert werden. Je weniger wir uns von der Natur unserer Mutter Erde getrennt fühlen, desto selbstverständlicher praktizieren wir wohl solche Rituale. Als ich vor mehr als 30 Jahren damit begann, allein und draußen Rituale zu gestalten, hatte ich oft die Befürchtung: Hoffentlich sieht mich niemand! Diese Bedenken haben sich immer mehr verflüchtigt. Es ist heute nichts Ungewöhnliches mehr, wenn Menschen am Waldrand Tai-Chi-Übungen machen oder in Yogastellungen verharren. Da dürfen wir auch unsere eigenen uralten Übungen allmählich wieder ans Licht holen, ohne uns deswegen zu schämen.

Gehe so oft wie möglich vor Sonnenaufgang an einen Platz, an dem eine alte Linde oder eine alte Eiche steht. Ziehe mit Dinkel einen Kreis um dich herum. Stelle dich in die Mitte deines Kreises, verbeuge dich in die vier Richtungen und bitte die vier Kräfte in deinen Kreis. Erhebe danach die Arme nach oben zum Himmel und bitte um Einweihung in die Kraft des Segnens. Beuge dich dann nach unten, berühre mit deinen Händen die Erde und bitte um Einweihung. Richte dich auf, blicke nach Osten und halte deine Hände in die Strahlen der aufgehenden Sonne hinein, die linke Hand wenige Zentimeter höher als die rechte Hand. Spüre, wie deine Hände von der Sonne gesegnet werden.

Wenn du das Gefühl hast, dass es nun genug ist, bedanke dich bei deiner Mutter Erde, bei deinem Vater im Himmel sowie bei den vier Kräften, und löse den Medizinkreis auf, indem du den Kreis entgegen dem Uhrzeigersinn abgehst.

Ritual der Trennung in Liebe

Manchmal haben wir uns unglücklich und scheinbar unauflöslich im Unguten mit einem anderen Menschen verstrickt. Dann kann uns dieses Ritual helfen, die Bande zu lösen. Ich habe schon mehrfach erlebt, wie sich nach diesem Trennungsritual die Belastungen in kurzer Zeit buchstäblich in Luft auflösten, die mir durch eine schwierige zwischenmenschliche Beziehung entstanden waren.

Meist ist es ja so, dass wir unsere eigenen Gedanken in so einer Situation nicht mehr recht kontrollieren können. Wir wiederholen dann zum dreihundertsten Mal denselben Gedanken und quälen uns nur selber damit. Die Herausforderung bei diesem Ritual besteht darin, im Moment des rituellen Trennens ein liebevolles Gefühl hervorzurufen. Wenn uns das gelingt, wirkt das Ritual reine Wunder! Es kann auch passieren, dass die Beziehung weiter bestehen bleibt, aber eine ganz neue Form annimmt.

Das Ritual des Trennens ordne ich dem Osten und dem Element Luft zu, weil das Messer, ähnlich wie das zum Osten gehörige Schwert des Erzengels Uriel, ein Instrument des Trennens, des Differenzierens ist. Anstelle eines Messers kann auch eine Schere verwendet werden. Das Ritual soll ursprünglich aus Hawaii stammen.

Nimm eine Decke, einen kleinen Beutel Dinkel, einen Wollknäuel und ein scharfes Messer und gehe in den Wald, um zunächst einen Spaziergang zu machen. Halte bei deinem Spaziergang Ausschau nach zwei Stöcken. Die beiden Stöcke sollen dich selbst und den Menschen, von dem du dich energetisch trennen willst, symbolisieren. Achte darauf, welche Stöcke dir ins Auge springen, um sich dir zu zeigen. Du wirst wissen, welches die richtigen Stöcke sind.

Suche dann ein ruhiges Plätzchen, breite die Decke aus, lege die beiden Stöcke, das Messer und den Wollknäuel auf die Decke. Kreiere mit dem Dinkel derart einen Medizinkreis, dass die Decke sich in der Mitte befindet. Rufe nun die vier Kräfte und die Kraft der Mitte an. Setz dich entspannt auf die Decke und lege die zwei Stöcke nebeneinander, so als würden sie sich anschauen. Schneide nun sieben etwa 50 cm lange Fäden von dem Wollknäuel ab. Die sieben Fäden repräsentieren die innere Verbindung der sieben Chakras zwischen dir und der anderen Person. Verknüpfe nun die beiden Stöcke an sieben übereinanderliegenden Punkten mit den Fäden. Schaue dir während dieser Arbeit selbst genau zu und beobachte, wie die beiden Stöcke miteinander verbunden sein wollen. Lasse dich von deinen Eingebungen leiten. Vielleicht zeigt sich, dass die beiden Wurzelchakras besonders eng verknüpft sind oder dass die beiden Halschakras besonders weit voneinander entfernt sein wollen. So können neue Erkenntnisse über die Beziehung gewonnen werden, die hilfreich sind, um sie besser zu verstehen.

Wenn die sieben Fäden an den sieben imaginären Chakras der beiden Stöcke verknüpft sind, nimm dir Zeit für die Betrachtung. Die Beziehung hatte gewiss etwas Lehrreiches. Vielleicht kann sogar Dankbarkeit entstehen. Das wäre gut. Dann nimm das Messer und schneide ganz langsam und in Liebe von unten beginnend die sieben Fäden durch. Überlege vor jedem Schnitt, auf welche Weise du durch das Chakra mit diesem Menschen verbunden warst. Beim Wurzelchakra kann es zum Beispiel materielle Abhängigkeit gewesen sein. Trenne dich in Dankbarkeit und Liebe von dieser Abhängigkeit. Beim Sexualchakra kann es sich um sexuelle Anziehung oder Zurückweisung gehandelt haben. Beim Solarplexus um Macht und Ohnmacht, beim Herzchakra um verletzte Gefühle, beim Kehlkopf um mangelnde Kommunikation, beim Dritten Auge um Dinge, die wir nicht sehen wollten, und beim Scheitelchakra um die Unfähigkeit, die schicksalhafte Begegnung zu würdigen. Vergiss nicht, jeden Schnitt mit einem liebevollen »Danke« zu begleiten.

Wenn alle Fäden in Liebe getrennt sind, löst du den Medizinkreis auf, bedankst dich und übergibst die beiden Stöcke anschließend einem der Elemente. Ich werfe sie gerne in »meinen Fluss«, die Ammer, und beobachte, auf welche Weise sie vom »Fluss des Lebens« mitgenommen werden. Man kann die Stöcke auch verbrennen oder vergraben.

Osterritual

Dieses Ritual verstärkt unsere heilenden Fähigkeiten. Ich habe es in seiner Grundform von meinem Onkel erhalten. Wir werden mit diesem Ritual befähigt, wirkungsvoll Gebetsheilung zu praktizieren. Es ist eine erste Einweihung zur geistigen Heilerin oder zum geistigen Heiler.

Wir können das Ritual nur ein einziges Mal oder in mehreren Jahren hintereinander immer am Ostermorgen durchführen. Je nachdem, was wir spüren, was richtig für uns ist. Das Ritual kann uns ja nicht schaden, sondern nur stärken. Manchmal lässt sich ein tief verwurzelter Zweifel an unseren Fähigkeiten nicht durch eine einmalige rituelle Handlung vollständig ausmerzen. Dann macht es Sinn, das Ritual so oft zu wiederholen, bis wir uns von unseren Zweifeln befreit haben.

Gehe am Ostermorgen noch vor Sonnenaufgang an einen besonderen Ort der Kraft. Ziehe im Uhrzeigersinn einen Kreis aus Dinkel. Wenn du magst, kannst du kleine Altäre aus Blumen, Edelsteinen, Federn oder Kerzen in den vier Richtungen gestalten. Lass deiner Kreativität freien Lauf. Wende dich den vier Himmelsrichtungen zu und rufe die heiligen Kräfte zu dir in den Kreis. Gehe in die Mitte des Kreises und rufe den Vater im Himmel und die Mutter Erde in deinen Kreis.

Tauche in der Mitte deine Hände in den Morgentau, der sich auf der Wiese gebildet hat, und wasche dir damit die Hände und das Gesicht. Der Morgentau des Ostermorgens hat eine spezielle Segenskraft.

Bleibe noch einige Zeit im Kreis, um Heilgebete zu beten und zu meditieren. Löse dann den Kreis, entgegen dem Uhrzeigersinn auf, bedanke dich bei den heiligen Kräften und beende das Ritual mit dem Segenswunsch: Mögen alle Wesen glücklich sein!

Visionssuche: Ritual,
um die Welt mit neuen Augen zu sehen

Für mich ist die beste Zeit für eine Visionssuche die Zeit des Neubeginns im Frühling. Wir können aber auch andere Zeiten der Kraft wählen. Traditionell ist die Visionssuche bei den indigenen Völkern das Übergangsritual zum Erwachsenwerden. In der Regel durchlaufen junge Männer dieses Ritual, denn junge Frauen werden natürlicherweise ganz von selbst erwachsen, wenn sie Kinder bekommen. Es gab jedoch in der alten Zeit auch Frauen, die sich dem Ritual der Visionssuche unterzogen, besonders dann, wenn sie eine Berufung zur Heilerin in sich spürten. Die Visionssuche markiert den Übergang in einen neuen Lebensabschnitt.

Obwohl mein Mentor, der Lory, das Wort Visionssuche gar nicht kannte, hat er mir lange vor meiner ersten Begegnung mit Medizinleuten indigener Stämme schon empfohlen, einmal mindestens einen Tag und eine Nacht lang bei Vollmond im Mai an einem Ort der Kraft zu beten und zu fasten. Mein Anliegen war herauszufinden, welche genaue Bedeutung bestimmte spirituelle Erfahrungen für mich haben und was meine Aufgabe im Leben ist.

Er hat mir damals auch angeboten, in der Nähe zu bleiben, für den Fall, dass ich in Panik geraten sollte. Und er meinte, es wäre gut, wenn ich das Erlebte anschließend mit ihm besprechen würde. Wie ich später erfahren sollte, sind das genau die Hilfsangebote, die auch bei meinen indigenen Freunden von den Ältesten beim Ritual der Visionssuche angeboten werden.

Zu Lorys Lebzeiten habe ich mich nicht getraut, die Visionssuche durchzuführen. Allein die Nacht draußen im Wald verbringen? Ich brauchte etliche Jahre, um die Angst vor der Angst zu überwinden. Obwohl der Lory nicht mehr lebte, als ich so weit war, fand ich dann eine Frau, die mir bei den Vorbereitungen behilflich war. Sie gehörte dem von Sun Bear gegründeten Bären-Stamm an und war im gewöhnlichen Leben Ärztin. Wir vereinbarten zwei Termine, um miteinander zu besprechen, welche Frage ich während der Visionssuche klären wollte. Beim zweiten Termin suchten wir miteinander den Platz auf, an dem ich dann einen Tag und eine Nacht allein verbringen würde. Meine Helferin gab mir Tipps, was ich außer einer Decke und Wasser noch brauchen könnte: zum Beispiel die geistige Unterstützung von ein paar Freundinnen und Freunden, die für mich beteten. So machte ich mich schließlich eines Tages im Morgengrauen mit einer kleinen Tasche und einem Regenschirm auf den Weg. Die Helferin begleitete mich zum Waldrand, reinigte mich mit dem Rauch von Salbei und Beifuß und wünschte mir von Herzen alles Gute. Allein ging ich zu meinem Platz und sah zu, wie die Nebel hinter den Hügeln wallten. Dann zog ich meinen Kreis und lehnte mich an den Stamm meines Baumes. Ich betete und fastete und habe die Antwort auf meine Frage nie vergessen.

Für eine gewisse Zeitspanne meines Lebens durchlief ich dann die Visionssuche an verschiedenen Plätzen jedes Jahr einmal. Ich hatte viele Fragen und viele Schwierigkeiten im Leben – das Ritual hat mich jedes Mal ein Stück weitergebracht.

Die Anweisung für das Ritual ist eigentlich sehr einfach, das Ritual selbst ist in der tatsächlichen Durchführung eher schwierig. Beim ersten Mal empfehle ich dringend, eine geeignete Person oder auch eine Gruppe um Unterstützung zu bitten, obwohl die Visionssuche selbst natürlich ganz allein durchgezogen wird.

Wähle einen geeigneten Zeitraum, am besten rund um den Vollmond im Mai. Begib dich an einen Ort der Kraft. Ziehe einen Medizinkreis um dich herum und lade die Kräfte ein, dich zu beschützen und zu begleiten. Verlasse den Kreis nicht. Verbringe mindestens einen Tag und eine Nacht ganz allein betend und fastend im Medizinkreis draußen in der Natur. Lass dich durch nichts ablenken. Bleibe ganz bei dir selbst. Kläre in dieser Zeit deine Lebensvision mit den höheren Mächten.

Beispiel für eine Anrufung der Kraft der Winde im Osten

Kräfte des Windes, Kräfte der Adler und
Falken des Himmels,
ich rufe euch, bitte hört mich an,
kommt zu mir in meinen Kreis.
Kraft des Erzengels Uriel,
ich rufe dich, hör mich an,
Kraft der jungfräulichen Madonna,
ich rufe dich, hör mich an,
kommt zu mir in meinen Kreis.
Kraft des Frühlings und des Neubeginns.
Ich nehme Zuflucht zu eurer Stärke.
Kommt alle in meinen Kreis. Ich rufe euch. Bitte hört
mich an, kommt zu mir und helft mir.
Lass uns hier zusammen sein. Genau hier.
Und jetzt! Genau jetzt!
Kommt zu mir, bitte hört mich an, helft mir
und lasst mich euer Werkzeug sein.

Farbe: Weiß
Element: Luft
Eigenschaft: leicht, beweglich
Jahreszeit: Frühling
Sonnenfest: christliches Ostern, Frühjahrs-
Tagundnachtgleiche
Mondphase: zunehmender Mond
Mondfest: chinesisch-tibetisches Neujahr, Brigit
(keltisch) wurde zu Mariä Lichtmess (katholisch)
Tageszeit: Sonnenaufgang
Lebenszeit: Kindheit
Bewusstsein: analytisches, intellektuelles
Bewusstsein
Bewusstseinszustand: Wachzustand
Archetyp der Weisheit: unterscheidende Weisheit
Archetyp der Liebe: Kind-Eltern-Liebe
Weltreligion: Islam (die jüngste der
Weltreligionen)
Schamanische Krafttiere: Adler, Falke, Ara,
Kondor, Libelle, Biene, Schmetterling u.a.
Christlicher Erzengel: Uriel
Madonna: die Heilige Jungfrau
Arkana im Tarot: die Schwerter

Heilrituale mit der Kraft des Feuers im Süden

Die Sonne tönt nach alter Weise
In Brudersphären Wettgesang,
Und ihre vorgeschriebne Reise
Vollendet sie mit Donnergang.

Ihr Anblick gibt den Engeln Stärke,
Wenn keiner sie ergründen mag;
Die unbegreiflich hohen Werke
Sind herrlich wie am ersten Tag.

JOHANN WOLFGANG VON GOETHE

Wir Menschen sind die einzige Spezies auf dem Planeten, die ein Feuer anzünden und kontrollieren kann. Viel zu selten haben wir Gelegenheit, ein lebendiges Feuer auf uns wirken zu lassen. In meiner Kindheit wurde noch ein »richtiges« Feuer im Küchenofen oder im Badofen gemacht. Meine eigenen Kinder konnten das nicht mehr erleben.

Unser Körper ist selbst auch voller »Feuer«: Wir verbrennen Nährstoffe und erzeugen eine durchschnittliche Temperatur von etwa 37 Grad Celsius, um leben zu können. Wir sprechen vom »Verdauungsfeuer« und von »Herzenswärme«.

Die Kraft des Feuers ruft in unserem Bewusstsein Leidenschaft, Begeisterung, Willensstärke und Kreativität hervor. Wenn wir unsere Lebensaufgabe, unsere Vision gefunden haben, können wir diese hüten, so wie man ein Feuer hütet. Manchmal kann es lange dauern, bis es uns gelungen ist, ein Feuer beständig zum Lodern zu bringen. Im Bereich des Visionären gibt es immer wieder auch Strohfeuer. Diese entflammen schnell und heftig und sind ebenso schnell wieder vergangen.

Ein gutes Feuer wird langsam aufgebaut: Zuerst nimmt man kleine, schmale Stöcke, dann immer größere. Gute, dauerhaft brennende Feuer brauchen zu Beginn viel Aufmerksamkeit und Pflege. Später reicht es, einen dicken Klotz nach dem anderen in die Glut zu legen. So ist es auch mit unserer Entwicklung zum Menschsein und mit unseren Visionen.

Feuer kann uns viel lehren. Es ist vollständig abhängig von den anderen Elementen. Ohne Bäume, die Holz geben, brennt kein Feuer. Ohne Wasser wächst kein Holz. Ohne Sauerstoff in der Luft brennt kein Feuer. Feuer kann ohne die anderen Elemente nicht sein. Das abhängige Bestehen gilt – vielleicht nicht ganz so offensichtlich – auch für die anderen Elemente. Unsere eigene Abhängigkeit ist auch ein gutes Thema für besinnliche Stunden, in denen wir Dankbarkeit als Heilmittel entwickeln können.

Die folgenden Rituale korrespondieren mit dem Teil des Medizinkreises, dem wir unter anderem das Element Feuer, den Sommer, die Sonne und die Sterne sowie die erotische Liebe zuordnen.

Das Laurentiusтränenritual

Jedes Jahr im August passiert die Erde in ihrer Umlaufbahn die Überreste eines Kometen, die sogenannten Perseiden. Im Volksmund heißen die Sternschnuppen, die in diesen Nächten rund um den Gedenktag des heiligen Laurentius am 10. August in besonders großer Zahl am Nachthimmel zu sehen sind, »Laurentiusтränen«. Wer eine dieser

Sternschnuppen sieht, hat einen Wunsch frei, das ist ein uralter Glaube.

Das Besondere an diesem Ritual ist, dass wir nicht für uns selbst etwas wünschen, sondern für einen anderen Menschen. Vor Jahren hat das folgende Ritual eine Freundin für mich gemacht. Sie wünschte mir, dass ich in einer neuen Partnerschaft glücklich werden sollte. Ehrlich gesagt glaubte ich nicht besonders daran, dass es wirken würde. Nach drei gescheiterten Ehen war ich sozusagen ein gebranntes Kind. Doch kurz darauf klingelte mein jetziger Partner an der Tür. Er hielt einen großen Strauß Gladiolen in allen Farben des Regenbogens in den Händen und ist bis heute geblieben.

Überlege, welchen Menschen du mit deinem Ritual in welchen Angelegenheiten weiterhelfen möchtest. Es können auch mehrere Menschen sein, denen du den Segen der Laurentiusnacht vermittelst. Informiere diese Menschen über deine Absicht. Auch wenn sie nicht glauben, dass das Ritual wirken wird, werden sie sich doch freuen, dass du an sie denkst.

Schreibe auf ein Blatt Papier den Namen, das Geburtsdatum und das Anliegen der Leute, für die du das Ritual vollziehen möchtest. Stecke das Blatt in ein Kuvert und gehe damit am zehnten August um zehn Uhr abends hinaus in die Natur. Bilde einen Medizinkreis und rufe die heiligen Kräfte an. Lege den Brief in die Mitte deines Kreises, beschwere ihn mit einem Stein, den du unterwegs gefunden hast, und sprich mit den Sternen. Bete dafür, dass die Menschen, für die du das Ritual machst, glücklich sein mögen. Bitte die Laurentiustränen, deine guten Wünsche anzuschauen und zu erfüllen. Stell dir vor, wie die leuchtenden Laurentiustränen sich deines Anliegens annehmen. Dann kannst du nach Hause gehen und schlafen. In der Nacht werden Sternschnuppen vom Himmel fallen und deinen Brief »lesen«. Es ist nicht nötig, dass du selbst die Sternschnuppen tatsächlich siehst oder derjenige, für den du das Ritual machst, sie sieht.

Bei Sonnenaufgang des nächsten Tages gehst du wieder zu dem Platz, betrittst den Kreis und verbrennst den Brief. Den Stein lässt du liegen. Dann löst du den Kreis auf, bedankst dich bei den Kräften und wünschst allen Wesen Glück und Segen.

Die Heilwanderung, der »medicine walk«

Inzwischen ist das Pilgern ja eine Modeerscheinung geworden. Das ist auch gut so. Ich habe das Ritual des »medicine walk« vor vielen Jahren von Mondreh vermittelt bekommen.

Das besinnliche Wandern, die Pilgerreise ist ja eigentlich eine altehrwürdige Heilmethode. Wir brauchen nur nach Altötting oder nach Lourdes zu schauen: Unzählige Katholiken suchen hier Heilung. Eine echte Heilwanderung hat jedoch nichts zu tun mit einer touristischen Kaffeefahrt, die wir häufig ebenfalls an den bekannten Wallfahrtsorten beobachten können. Bei einer richtigen Heilwanderung geht es darum, wirklich in sich selbst einzutauchen und von dort aus einen echten Kontakt zu den höheren Kräften herzustellen. Dort suchen wir Antworten auf die wirklich wichtigen Fragen unseres Lebens und kommen gestärkt und ein Stück weit heiler nach Hause zurück.

Wenn wir ein Ereignis aus unserer Vergangenheit heilen möchten, macht es natürlich Sinn, den Ort des Geschehens aufzusuchen. Erst kürzlich habe ich einem älteren Herrn, der eine sehr traurige Kindheit hatte, dazu geraten, sein Elternhaus im Rahmen eines solchen Rituals noch einmal anzuschauen. Auch wenn das ursprüngliche Haus gar nicht mehr existieren sollte, besteht doch die Möglichkeit, an diesem Platz Frieden mit der Vergangenheit und mit den Verstorbenen zu schließen.

Wir können auch bekannte religiöse Ziele für unsere Wanderung auswählen, Wallfahrtsorte oder heilige Berge. Meine Reisen nach Indien ins Kloster oder nach Süddakota in die Reservate, die Einladungen zu Tipi-Zeremonien und Sonnentänzen waren für mich auch »medicine walks«, keine touristischen Unternehmungen. Ich zehre noch heute von den Erfahrungen, die ich dort sammeln durfte.

Wir können im Lauf unseres Lebens verschiedene Arten von Heilwanderungen durchführen. Eine Heilwanderung kann Wochen oder Monate oder auch nur ein paar Stunden dauern und dennoch in der Tiefe einen Samen in uns hinterlassen, der nach und nach keimt und gedeiht. Manchmal mache ich eine solche kurze Heilwanderung auf »meinen heiligen Berg«, den Hohen Peißenberg, um eine spezielle Frage zu klären. Oder als Dankeschön.

Wir machen uns also zuerst Gedanken darüber, wohin unsere Wanderung uns führen soll, wie viel Zeit wir mit der Wanderschaft verbringen wollen und was wir in uns heilen wollen. Diese Fragen und Vorbereitungen gehören bereits zum Heilungsprozess. Ein besonders guter Zeitpunkt für dieses Ritual ist die Mitte des Sommers, etwa Mitte August. Wenn wir mehrere Tage wandern wollen, könnten wir bei Vollmond losgehen und dem abnehmenden Mond entgegengehen, entsprechend der Zuordnung im Medizinkreis. Natürlich können wir auch zu jeder anderen Jahreszeit gehen. Zu meiner ersten Heilwanderung schenkte mir ein Freund den folgenden irischen Segen. Ich lernte ihn beim Wandern auswendig, ließ den Segen ganz tief in mich hineinsinken und ich glaube, dort ruht er noch heute:

Möge dein Weg dir freundlich entgegenkommen,
möge der Wind dir den Rücken stärken.
Möge die Sonne dein Gesicht erhellen und der
Regen um dich her die Felder benetzen.
Und möge, bis wir uns wiedersehen,
der Herrgott dich schützend in seinen Händen halten.

Hier die Anleitung für eine rituelle Heilwanderung:

Beginne die Wanderung ganz bewusst mit Anrufungen und einer Gabe, wenn du die Schwelle deines Hauses verlässt. Beginne mit den Worten »Im Namen Gottes«. Dann rufe die vier Elemente und die Kraft der Mitte an, so wie du es gelernt hast. Hinterlasse an der Schwelle deiner Haustür ein paar Blumen und Samenkörner, verbunden mit der Bitte, dass du heil wieder zurückkehren mögest.

Dann setze dich ganz bewusst den Elementen und dem Geschehen aus. Während der Wanderung bist du in einen Medizinkreis »eingewickelt«. Versuche, ganz bewusst, langsam und wach zu gehen. Wenn du in Richtung Westen wanderst, kannst du dich zum Beispiel besonders intensiv an den Erzengel Raphael oder an die Schwarze Madonna wenden. Horche auf den Wind und sei mit der Sonne und dem Himmel unterwegs. Wenn es an dem festgelegten Tag schüttet wie aus Kübeln, will dir der Himmel vielleicht sagen, dass er mit dir weint. Vielleicht sollst du dir dadurch darüber klar werden, wie wichtig es ist, deinen Körper gut zu schützen. Wahrscheinlich wird dir der Himmel aber hold sein, Wolken werden sich vor die Sonne schieben, damit deine Haut nicht verbrennt. Der Wind wird dir Erfrischung zufächeln. Tiere werden dir begegnen und dir Botschaften vermitteln. Gehe allein für dich und vermeide alltägliche Gespräche. Überlasse dich ganz der Natur und deinen inneren Eingebungen. Wenn du möchtest, kannst du ein Wandertagebuch führen. Übe dich im Fasten, aber trinke ausreichend. Kehre heil zurück.

Löse den Medizinkreis auf, bedanke dich bei den Kräften und wünsche allen Wesen Glück und Segen, bevor du die Schwelle deiner Haustür wieder betrittst.

Feuerritual zur inneren Reinigung

Dieses Ritual ist inspiriert von meinen tibetischen Lehrern. In meiner Studiengruppe hörte ich vor Jahren eine ausführliche Belehrung über das Ansammeln von Karma. Als die ersten tibetischen Mönche vor etwa 50 Jahren in den Westen kamen und um Belehrungen gebeten wurden, waren sie bestimmt erstaunt darüber, dass wir nicht einmal die wesentlichen Grundlagen der Lehre des Buddha kannten, nämlich das Wissen von der Wiedergeburt und vom Karma. Inzwischen gehört dieses Wissen zum Glück fast schon zur Allgemeinbildung. Wenn wir über unsere Vergangenheit nachdenken, kann es sein, dass wir nicht auf alle unsere Taten stolz sein können. Wenn wir die Lehre vom Karma beherzigen, dann wissen wir, dass alles, was wir je gedacht oder getan haben, wie ein Eindruck im Weltgedächtnis erhalten bleibt und dass wir selbst es sind, die die Früchte unserer Taten dereinst ernten werden. Was also, wenn wir auf unserem Lebens-Feld viele Disteln gesät haben? Wir wollen doch keine Disteln ernten! Wir können uns an die Arbeit machen und sie an der Wurzel ausgraben und stattdessen zum Beispiel gutes Getreide säen. Das ist doch eine positive Nachricht! Dazu müssen wir »nur« das geeignete Werkzeug verwenden. Das Werkzeug ist unser eigener Geist. Wir benötigen dazu vier Einstellungen:

1. Das Bekennen vergangener Taten oder Gedanken
2. Das Bereuen
3. Die gute Absicht für die Zukunft
4. Die Wiedergutmachung

Meine Beobachtung ist: Wir leben alle miteinander in einem Feld, in dem es Täter und Opfer gibt. Mal sind wir Täter, mal Opfer, manchmal auch beides zugleich. Wenn der Täter das Opfer ignoriert und so tut, als wäre gar nichts geschehen, dann entsteht wirklich schlechtes Karma, Schuld oder wie immer wir das nennen. Wenn jedoch die Regeln der Karmabereinigung angewendet werden, können ganze Ketten von Ursachen gelöst werden und ein neues, besseres Leben kann beginnen.

Wir können dieses Ritual regelmäßig zur Sommersonnenwende machen. Das ist in meinen Augen der beste Zeitpunkt dafür. In der Glut der Sommerhitze versuche ich, mein Schicksal zu wenden. Natürlich kann das Ritual auch zu jeder beliebigen anderen Jahreszeit gemacht werden. Weil wir Menschen sind, werden wir immer wieder »Schandtaten« verüben. Wenn wir jedoch unser Bewusstsein auf ein »gutes Lebens-Feld« ausrichten und regelmäßig Reinigungsrituale wie dieses machen, werden die Disteln auf unserem Feld weniger werden, sie werden nicht mehr so groß und am Ende unseres Lebens können wir dem lieben Gott vielleicht doch eine ganze Ladung voll guten Getreides in den Speicher einfahren.

Hier die Anleitung, um unser Karma mithilfe eines Rituals zu reinigen:

Nimm dir Zeit, um herauszufinden, wann und wo du ungutes Karma angesammelt hast. Vielleicht hast du jemanden beleidigt oder verleumdet. Gib es zu, zunächst einmal vor dir selbst. Schreibe ehrlich und offen auf ein Blatt Papier, was du getan oder gedacht hast. Das ist der erste Schritt. Das Bekennen ist gar nicht so einfach, weil wir eine gewisse Neigung haben, bei anderen ganz mühelos alle Fehler zu erkennen und dafür die eigenen auszublenden.

Der zweite Schritt ist der wichtigste: Lass zu, dass es dir wirklich leidtut. Dieser Schritt kann für dich selber schmerzhaft sein, denn wir können ja die Vergangenheit nicht rückgängig machen und müssen uns eingestehen, dass wir unperfekte Wesen sind, dass wir unserem eigenen Ideal nicht sehr nahekommen. Weil dieses Eingeständnis wehtut, lassen wir es oft gar nicht so weit kommen, Reue zu empfinden. Der brennende Schmerz jedoch gehört zur Reinigungskraft des inneren Feuers. Schreibe auf das Blatt Papier, wie leid es dir tut, was du getan oder gedacht hast. Das echte Bedauern deiner Tat ist so, als würdest du die Distel mitsamt der Wurzel ausgraben und aus dem Acker herausziehen.

Als Nächstes geht es darum, das Feld neu zu bestellen. Dazu fasst du den Entschluss, dass du dich in Zukunft in einer ähnlichen Situation anders verhalten möchtest. Selbst wenn du die Erfahrung gemacht hast, dass du nicht immer in der Lage bist, deine guten Absichten auch tatsächlich zu verwirklichen, ist es doch von großer Bedeutung, die Absicht immer wieder neu zu entfachen. Gib nicht auf! Glaube an dich! Manche Absichten müssen vielleicht hundert oder auch tausend Mal wiederholt werden, ehe sie reif für deinen Alltag geworden sind. Lass dich nicht entmutigen! Schreibe deine Absichten auf das Blatt Papier. Dieser Schritt gleicht der

Vorbereitung des Feldes. Reste von Distelsamen müssen beseitigt werden, der Boden muss umgegraben und gelockert werden.

Nun kommt der letzte Schritt: Überlege, ob es eine Möglichkeit der Wiedergutmachung gibt. Wenn du zum Beispiel bei deiner Nachbarin schlecht über eine andere Nachbarin geredet hast, kannst du nach einer Gelegenheit suchen, um deine Worte zu relativieren. Es gibt auch Dinge, die man nicht wiedergutmachen kann. Wenn man zum Beispiel ein Tier getötet hat, kann nichts auf der Welt das Tier wieder lebendig machen. Aber du könntest vielleicht eine Spende an ein Tierheim geben. Eine solche Tat gleicht dem Ausbringen eines neuen, guten Samens. Denk nach und schreibe deine Gedanken der Wiedergutmachung oder des Ausgleichs ebenfalls auf dein Blatt Papier.

Anschließend gehst du mit dem Papier zu deinem Ort der Kraft, ziehst einen Kreis um dich herum, rufst die Kräfte an und machst in einer kleinen Feuerschale in der Mitte des Kreises ein Feuer. Bevor du das Blatt Papier verbrennst, liest du es noch einmal durch und bittest die Kraft des Feuers, dich zu unterstützen. Beobachte, auf welche Weise das Feuer mit der Angelegenheit umgeht. Lass das Feuer zu dir sprechen. Wenn du das Gefühl hast, dass es genug ist, bedankst du dich und verabschiedest dich von den heiligen Mächten, indem du entgegen dem Uhrzeigersinn den Kreis auflöst. Die Anstrengung, die es dich gekostet hat, dieses Ritual zu vollziehen, kannst du wieder dem Wohlergehen aller Wesen widmen.

Dann gehst du zurück in deinen Alltag und tust, was du dir vorgenommen hast.

Das Redestabritual

Holzstäbe werden als Symbol für das Geheimnis des Feuers verwendet, denn ohne Holz kein Feuer. Das Redestabritual möchte ich gerne Paaren ans Herz legen, bei denen die erotische Spannung im Lauf der Zeit nachgelassen hat. Das ist ganz natürlich. Wie gesagt: Ein gutes Feuer braucht Pflege. Wenn wir das Feuer des Eros zu lange sich selbst überlassen, geht es aus. Gerade in intimen Partnerschaften fügen wir uns – mehr oder weniger absichtlich – Verletzungen zu, die brennen und vor sich hin schwelen. Solche Wunden können die Leidenschaft, das Vertrauen und die Hingabefähigkeit schwer beeinträchtigen. Oft sind es Wunden, die viel älter sind als die eigentliche Partnerschaft. Wenn wir solche Wunden heilen wollen, brauchen wir Inspiration und einen guten Willen. Das folgende Ritual kann uns dabei gute Dienste erweisen.
Es besteht genau genommen aus zwei Ritualen: Der erste Teil besteht im Finden und Gestalten des Redestabs und in seiner Weihe im Medizinkreis.

Der zweite Teil ist das Verstehen und schließlich das Verzeihen mithilfe des Redestabs. »Eine Wunde, die gezeigt wird, kann geheilt werden. Wenn wir genau hinhören, werden sich Wege finden«, sagte etwa der Künstler Joseph Beuys über sein bekanntes Werk *Zeige deine Wunde*. Durch die Art der Kommunikation mit dem Redestab wird ein vertieftes Verständnis füreinander entwickelt. Wenn wir etwas verstehen, können wir es leichter lieben. Wenn wir lieben, können wir leichter verzeihen. Am besten ist es, wenn wir schließlich am Ende des Prozesses wirklich aus tiefstem Herzen zueinander sagen können: »Und jetzt lassen wir es gut sein.« Dann sind wir wieder auf Augenhöhe miteinander und keiner muss sich über den anderen erheben, um zu verzeihen. Dann kann gewiss auch das Feuer der sinnlichen Liebe wieder neu anfangen zu brennen. Im bayrischen Dialekt kann man übrigens »Ich verzeihe dir« gar nicht sagen. Verzeihung ist ein hochdeutsches Wort, dem bayrischen Ureinwohner fremd. »Lass gut sein« kann man dagegen auf Bayrisch sehr gut sagen. Wer den bayrischen Dialekt wirklich versteht, weiß auch, dass in diesem »Lass gut sein« ein großes Herz mitschwingt. Ich finde, die bayrische Sprache zeigt hier große Weisheit.

Die Kommunikation mit dem Redestab, die noch etliche weitere Variationen kennt, habe ich bei meiner ersten Begegnung mit Schamanen aus Nordamerika im Jahr 1983 kennengelernt.

Gehe – am besten zusammen mit deinem Partner – spazieren und halte Ausschau nach einem passenden Stock oder Stab, der geeignet erscheint und sich gut in der Hand anfühlt. Dass so ein Stock ein Phallussymbol ist, sei nur nebenbei erwähnt. Wenn der Stock gefunden ist, mache ihn zu einem ganz besonderen Ritualgegenstand, indem du ihn zum Beispiel mit Bändern, mit Federn oder mit Edelsteinen schmückst.

Dann weihe den Stock, indem du allein oder mit deinem Partner zusammen draußen in der Natur einen Medizinkreis aufbaust. Du rufst die Kräfte in den Kreis und hältst ihnen der Reihe nach im Uhrzeigersinn deinen Redestab hin mit der Bitte, ihn zu segnen. Wenn du das Gefühl hast, dass der Stab nun zu einem besonderen, einem geweihten Stab geworden ist, löst du den Medizinkreis wieder auf und bedankst dich für die Unterstützung. Dann gehst du nach Hause und legst den Stab zur späteren Verwendung an einen besonderen Platz in der Wohnung, am besten auf den Hausaltar.

Nun kommt der zweite Teil. Du vereinbarst mit deinem Partner eine Zeitspanne, am besten eine bis anderthalb Stunden, die der gegenseitigen Heilung dient. Sorgt dafür, dass ihr nicht gestört werdet. Am besten ist es, das Ritual regelmäßig, zum Beispiel wöchentlich immer zur gleichen Zeit, zu wiederholen, bis das Vertrauen wiederhergestellt ist und die Liebe wieder ungehindert fließen kann. Vereinbart, dass keiner davonläuft. Wenn Verständnis füreinander entsteht, entsteht auch »Gut-sein-Lassen« und das Vertrauen zueinander kann zurückkehren.

Mann und Frau setzen sich gegenüber, der Redestab liegt in der Mitte. Das Paar bekundet durch eine kleine gegenseitige Verneigung Respekt und Achtung voreinander. Die Frau beginnt, nimmt den Redestab in die Hand und bittet innerlich um geistige Führung, um Inspiration und um die richtigen Worte. Dann beginnt sie zu sprechen. Es eilt nicht. Solange die Frau spricht, hört der Mann aufmerksam und ganz präsent zu, ohne sie zu unterbrechen. Er schenkt ihr seine ungeteilte Aufmerksamkeit und Achtung. Die Frau spricht über ihre Erinnerungen, die mit Verletzungen zu tun haben, die entweder ihr Mann oder aber auch frühere Partner ihr zugefügt haben. Die Frau vermeidet jegliche Art von Vorwürfen oder Kritik und spricht nur von sich. Bohrende Fragen, Kommentare oder Ratschläge an den Partner sind tabu. Solange die Frau den Stab in der Hand hält, hat sie das Wort. Es dauert, so lange es dauert. Wenn die Frau das Gefühl hat, alles gesagt zu haben oder zumindest für heute alles gesagt zu haben, verneigen sich beide wieder voreinander.

Der Stab wandert in die Mitte zurück. Nun ergreift der Mann den Stab und das Wort und spricht über sich und seine Wunden. Auch wenn er für eine Weile schweigt, um nachzudenken, unterbricht ihn die Frau auf keinen Fall. Auch so ein Schweigen, das miteinander ausgehalten wird, hat heilsame Kraft. Die Frau ist ganz Ohr, hört zu und versucht zu verstehen.

Beide sind sich darüber bewusst, dass der oder die Liebste immer auch Projektionsfläche für all die scheinbar unverzeihlichen Dinge ist, die Männer und Frauen einander so antun. Beide sind willens, diese Projektionen zu überwinden und hinter die Dinge zu sehen, um tiefer in die eigentliche Liebe einzutauchen.

Der Redestab wandert solange hin und her, bis die vereinbarte Zeit vorüber ist. Beide achten darauf, dass jeder etwa gleich viel Zeit zur Verfügung hat, um sich und seine Wunden zu zeigen.

Beispiel für eine Anrufung der
Kraft des Feuers im Süden

Kräfte des Feuers, Kräfte der Wölfe und der Löwen,
ich rufe euch, bitte hört mich an,
kommt zu mir in meinen Kreis.
Kraft des Erzengels Michael,
ich rufe dich, bitte hör mich an,
Kraft der Muttergöttin,
ich rufe dich, hör mich an,
kommt alle zu mir in meinen Kreis.
Kraft des Sommers, Kraft des hellen Tages,
ich nehme Zuflucht zu eurer Stärke.
Kommt alle in meinen Kreis. Ich rufe euch. Hört mich
an. Bitte kommt zu mir und helft mir.
Lasst uns zusammen sein. Genau hier. Und genau jetzt.
Kommt zu mir, hört mich an, helft mir und lasst mich
euer Werkzeug sein.

Farbe: Rot
Element: Feuer
Eigenschaft: heiß, sich ausdehnend
Jahreszeit: Sommer
Sonnenfest: Sommersonnwende, Johanni
Mondphase: Vollmond
Mondfest: Walpurgis, Beltane, Vesakh,
Tageszeit: Mittag
Lebenszeit: Jugend
Bewusstsein: erwachendes, spirituelles Bewusstsein
Bewusstseinszustand: Klartraum
Archetyp der Weisheit: durchdringende Weisheit
Archetyp der Liebe: erotische Liebe
Weltreligion: Christentum (die zweitjüngste der Weltreligionen)
Schamanisches Krafttier: Salamander, Drache, Löwe, Kamel, Wolf u. a.
Christlicher Erzengel: Michael
Madonna: Die Rote, die Große Mutter
Arkana im Tarot: die Stäbe

Heilrituale mit der Kraft des Wassers im Westen

Herr: es ist Zeit. Der Sommer war sehr groß.
Leg deinen Schatten auf die Sonnenuhren,
und auf den Fluren lass die Winde los.

Befiehl den letzten Früchten voll zu sein;
gib ihnen noch zwei südlichere Tage,
dränge sie zur Vollendung hin und jage
die letzte Süße in den schweren Wein.

Wer jetzt kein Haus hat, baut sich keines mehr.
Wer jetzt allein ist, wird es lange bleiben,
wird wachen, lesen, lange Briefe schreiben
und wird in den Alleen hin und her
unruhig wandern, wenn die Blätter treiben.

RAINER MARIA RILKE

Wasser ist die Grundlage des Lebens. Das erste Leben ist vor etwa vier Milliarden Jahren in den Urmeeren entstanden. Wenn wir in unsere menschliche Geschichte zurückblicken, erscheint uns die Zeit vor 2000 Jahren als unglaublich entfernt. Damals lebte etwa Jesus in einem kleinen Landstrich, der von den Römern besetzt war, und entfaltete sein Wirken. Noch sehr viel weiter weg erscheint uns die Kultur der Ägypter, wo vor etwa 4500 Jahren die Pyramiden von Gizeh erbaut wurden. Wenn wir uns dagegen das Alter der Meere vergegenwärtigen wollen, gelangen wir schnell an die Grenze unseres Vorstellungsvermögens. Vor vier Milliarden Jahren war es schon auf der Erde! Wasser ist so unvorstellbar alt und allein deshalb schon höchst ehrwürdig. Wie ein Ebenbild im Kleinen besteht auch unser menschlicher Körper zu etwa 70 Prozent aus Wasser, das unter anderem durch unsere Adern und Arterien fließt. Tränen sind salzig – sie entstammen dem Meer in uns.

Die folgenden Rituale korrespondieren mit dem Teil des Medizinkreises, dem wir das Element Wasser, den Sonnenuntergang, unsere Gefühle und Träume zuordnen.

Das Ritual der Wassergrüße

Dieses Ritual ist inspiriert von Silverfox, meinem inzwischen verstorbenen Lehrer vom Stamm der Cherokee.

Es gibt viele heilige Quellen auf der Welt – die berühmteste ist wohl die Quelle in Lourdes. Für mich sind nicht nur die besonderen heiligen Quellen, sondern jeder lebendige Fluss, jeder See und natürlich auch das Meer heilig. Wenn Freunde von mir auf Reisen gehen, bitte ich manchmal darum, mir ein kleines Fläschchen Wasser mitzubringen. So habe ich Wasser vom Ganges erhalten, vom See Genezareth, vom Titicacasee, von der Quelle von Lourdes und vom Brunnen des heiligen Konrad aus Altötting. Mit dem Ritual erinnere ich meinen Geist daran, dass alles, wirklich alles miteinander verbunden ist und wir alle miteinander verwandt sind.

Das Ritual verbindet uns mit dem Wesen des Wassers und es verzaubert die Gewässer – über das Wasser werden Informationen weitergegeben. Für mich wird dadurch in gewisser Weise der Staffelsee zum Meer. Beim Bootsverleih hängt dazu eine passende Tafel mit dem Spruch:

Wenn ich den See seh, brauch ich kein Meer mehr.

Eine schöne Variante dieses Rituals ist es, mit einem Boot in die Mitte des Sees zu paddeln und das

Ritual dort zu zelebrieren, während die Sonne im Wasser versinkt.

Besorge dir möglichst eine Flasche besonderen Wassers, zum Beispiel aus Lourdes oder von einer anderen heiligen Quelle. Das Wasser sollte jedenfalls von einem anderen Ort stammen, als du das Ritual feierst, damit Informationen von Wasser zu Wasser übertragen werden können. Außerdem benötigst du eine schöne Schale, eine Decke und einen Beutel mit Dinkelkörnern und getrockneten Rosenblüten.

Geh damit zur Zeit des Sonnenuntergangs zu einem Fluss oder See in deiner Heimat. Suche einen Platz, an dem du ungestört sein kannst, und erschaffe das heilsame Feld des Medizinkreises mit deinen Anrufungen und deinen Gaben. Bilde den Medizinkreis so, dass ein Stück des Ufers mit inbegriffen ist, indem du die Dinkelkörner ins Wasser wirfst.

Setze oder lege dich in die Mitte deines Kreises auf die Decke und höre dem Rauschen des Flusses lange zu oder betrachte die Stille des Sees. Lass die Wellen deiner Gedanken zur Ruhe kommen und lausche dem Wasser. Wenn du das Gefühl hast, dass du jetzt gut in deiner Mitte ruhst, schüttest du das Wasser in die Schale, betrachtest es und hältst es der Reihe nach den Richtungen hin. Benetze mit dem Wasser dein Gesicht und deine Hände und denke daran, von wo es stammt und dass es einen Segen für dich bereithält. Dann gehst du zum Fluss oder zum Seeufer und schüttest das Wasser aus deiner Schale langsam mit einem Gruß in den Fluss oder in den See. Du kannst spüren, was für eine Freude dabei entsteht. Dann gehst du zurück in die Mitte und schaust der Sonne bei ihrem Untergang zu.

Schließlich bedankst du dich bei den Medizinkräften und löst den Kreis entgegen dem Uhrzeigersinn wieder auf. Zum Schluss wünschst du allen Wesen auf der Welt Glück und Segen und gehst zufrieden nach Hause.

Das Ritual des Traumfangens

Die Inspiration für dieses Ritual habe ich von einer Indianerin bekommen, als es für mich darum ging, die nächsten Schritte für die Zukunft zu erkunden, weil es in meiner Familie große Schwierigkeiten gab. Wir brauchen dazu ein Traumtagebuch und einen Stift zum Schreiben. Das Traumtagebuch und der Stift sollen ausschließlich für das Traumfangen verwendet werden, nicht für alltägliche Dinge. Beides soll griffbereit in der Nähe des Bettes liegen. Außerdem brauchen wir ein Fläschchen guten Bergamotteöls. Es kann sein, dass das Ritual beim ersten Mal noch nicht das gewünschte Resultat hervorbringt. Wenn wir uns nicht an unsere Träume erinnern können, liegt es vor allem daran, dass uns unsere Träume nicht wichtig genug sind oder dass unsere Erinnerungsfähigkeit nicht ausgebaut ist. Bedenke, dass zum Beispiel

Albert Einstein wesentliche Inspiration für seine berühmte Formel $E = mc^2$ im Traum erfahren haben soll. Auch der indische Ausnahme-Mathematiker Ramanujan (1987–1920) behauptete, seine Erkenntnisse im Traum von seiner Schutzgöttin empfangen zu haben. Ramanujan verblüffte die Welt der Mathematiker seiner Zeit mit neuen Formeln höherer Mathematik, obwohl er keine formale mathematische Bildung vorweisen konnte. Einige von Ramanujans Formeln warten heute noch auf die Entschlüsselung durch geschulte Mathematiker.

Am besten ist es, die Absicht des Erinnerns nicht nur vor dem Einschlafen, sondern auch tagsüber immer wieder zu festigen. Damit wir uns an Träume erinnern können, müssen wir uns fest vornehmen, uns daran zu erinnern – sonst funktioniert es nicht. Die Fähigkeit, sich zu erinnern, will geübt sein. Wir tun gut daran, das Ritual so lange zu wiederholten, bis uns im Traum ein Weg oder ein Hinweis geschenkt wird, der uns hinsichtlich einer Problemlösung weiterführt.

Bevor du dich zum Schlafen hinlegst, legst du dir dein Traumtagebuch und deinen Stift griffbereit neben das Bett. Gestalte in deinem Schlafraum ein Medizinfeld. Rufe die Heilkraft der Richtungen an und reibe deine Stirn in einer kreisenden Bewegung mit dem Bergamotteöl ein.

Dann legst du dich hin und verbindest dich insbesondere mit der Kraft des Wassers und der Kraft der Träume, die wir dem Westen zugeordnet haben. Erzeuge die klare Absicht, dich wenigstens an einen Traum zu erinnern. Dein Unterbewusstsein speichert deinen Wunsch. Bevor du vom Wachzustand in die Halbschlafphase eintrittst, kannst du eine der Schutzkräfte aus dem Medizinkreis um Zuwendung bitten, zum Beispiel die Schwarze Madonna oder den Erzengel Raphael. Visualisiere vor deinem inneren Auge das Bildnis des Engels oder der Madonna. Dann überlasse dich – in der festen Absicht, dir einen Traum zu merken – dem Schlaf.

Wenn du aufwachst, schreibe deine Erinnerung in das Traumtagebuch. Sinne darüber nach und überprüfe, was du mit der Botschaft des Traums anfangen kannst. Löse den Medizinkreis entgegen dem Uhrzeigersinn auf und bedanke dich. Wiederhole das Ritual für einen längeren Zeitraum, vielleicht für ein oder zwei Wochen.

Das Ritual der Fußwaschung

Viele von uns kennen den christlichen Ritus der Fußwaschung. Zur Erinnerung an Jesus, der am Vorabend seiner Gefangennahme seinen Freunden die Füße wusch, wird in der katholischen Kirche dieses Ritual am Gründonnerstag zelebriert. Dabei werden zwölf Gemeindemitgliedern während der Messfeier vom Priester die Füße gewaschen.

Die Fußwaschung gilt ursprünglich als orientalischer Brauch der Gastfreundschaft. In Zeiten, da der Mensch in der Regel zu Fuß unterwegs war, waren die Füße müde und staubig, wenn man im Haus eines Freundes ankam. Bei der Ankunft wurde der Gast dann wohl als Erstes gebeten, sich hinzusetzen, und anschließend durfte er sich erst mal entspannen, während ihm die Füße gewaschen, getrocknet und gesalbt wurden.

Die Fußwaschung war auch bis zum Ende der Monarchie ein bayrischer Hofbrauch. Ursprünglich vom deutschen Kaiser Karl V. (1500–1558) eingeführt, wurde der Brauch von Herzog Wilhelm dem Frommen (1548–1626) für Bayern übernommen und bis zur Abschaffung der Monarchie im Jahr 1918 gepflegt. Jedes Jahr am Gründonnerstag wurden in einem offiziellen Staatsakt zwölf alte, würdige und arme Männer eingeladen, denen der Herrscher höchstpersönlich die Füße wusch. In Erinnerung an die dienende Haltung von Jesus wollte der Monarch so zeigen, dass auch er seinen Untertanen diene. Zum Festakt wurden die Männer neu eingekleidet und erhielten am Ende der Zeremonie ein Geldgeschenk.

In unserer modernen Kultur schenken wir unseren Füßen meist wenig Beachtung. Unsere verhältnismäßig kleinen Füße tragen unser ganzes Gewicht Tag für Tag und dienen uns damit, ohne dass wir auch

nur einen Gedanken der Dankbarkeit darauf ver-
schwenden. Da es bei uns unüblich, gar peinlich erscheint, einem Gast eine Fußwaschung anzubieten,
können wir uns selber gelegentlich ein kleines Ritual
für unsere Füße gönnen. Falls wir mit Patienten arbeiten, kann es auch manchmal passend sein, gegen Ende einer Behandlung oder einer Massage eine
Fußwaschung mit anschließender Fußmassage anzubieten. Das Wichtigste ist dabei, dass wir es entweder für uns selbst oder für den anderen mit dem
Gefühl der Freundlichkeit und Hingabe tun. Auch
Partner könnten das Ritual gegenseitig füreinander
ausführen.

Mit diesem Ritual spüren und würdigen wir unsere
oft vernachlässigten Füße – sie danken es uns damit, dass wir nach dem Ritual buchstäblich »wie
auf Wolken« gehen.

Besorge eine schöne Schüssel und einen Krug, in den
du angenehm warmes Wasser füllst. Halte auch Tücher
und ein gutes Öl bereit. Du kannst das Wasser mit äthe-
rischen Ölen anreichern, damit es duftet. Erschaffe einen Medizinkreis und bitte die Kräfte, dir wohlwollend
bei deinem Tun zur Seite zu stehen.
Setz dich hin und lass das Wasser aus dem Krug schön
langsam über deine Füße in die Schale rinnen. Bade die
Füße anschließend in der Schale und danke ihnen dafür,
wie weit sie dich auf deiner Lebenswanderung schon

getragen haben. Dann trocknest du die Füße sorgfältig und schenkst ihnen hinterher eine Ölmassage. Tu dies in dem Gefühl der Dankbarkeit dafür, wie kostbar dein Leben ist und wie getreu deine Füße dich tragen. Lass dir Zeit für dieses kleine Ritual, genieße auf achtsame Weise dein eigenes Tun. Spüre deine Füße. Du wirst die Wohltat noch lange danach wahrnehmen.

Dann bedankst du dich auch bei den höheren Kräften und löst den Medizinkreis wieder auf. Das Wasser füllst du in eine Flasche. Bei Gelegenheit machst du mit der Flasche einen kleinen Spaziergang zu einer Quelle, zu einem Fluss oder See und schüttest dein Fußwaschungswasser langsam und achtsam hinein.

Reinigungsritual zur Herbst-Tagundnachtgleiche

Dieses Ritual habe ich von einem »Roadman« bekommen, der jahrzehntelang in der ganzen Welt herumreiste, um die alten Traditionen zu erlernen und weiterzugeben. Es stammt ursprünglich von den Navajo-Indianern und dient als Ersatzritual, wenn man keine Schwitzhütte machen kann. Die indianische Schwitzhütte ist ein sehr komplexes Ritual zur tiefen inneren und äußeren Reinigung mit heißem Wasserdampf. Manche behaupten, es wäre ein »primitiver« Vorläufer der Sauna. In Wirklichkeit ist das Saunen in meinen Augen die primitivere Form der Dampfreinigung, denn es enthält keine spirituellen Komponenten (was nicht heißen soll, dass ein Saunatag nicht auch höchst gesund und entspannend wäre). Wer weiß, vielleicht werde ich es noch erleben, dass in den modernen Saunalandschaften draußen im Freien traditionelle Schwitzhütten auftauchen und die Schwitzhüttenzeremonie von ausgebildeten Schamanen geleitet wird.

Ich mache das unten vorgestellte Ritual gerne zur Herbst-Tagundnachtgleiche, weil sie eine Zeit der Kraft ist, die für mich mit dem Element Wasser korrespondiert. Indem ich für jede Zeit der Kraft ein spezielles Ritual anwende, das ich viele Jahre wiederholt habe, binde ich mich an die Natur und ihre Rhythmen an. So wurde mir im Lauf der Zeit immer bewusster, dass ich wirklich eine echte Tochter dieser Erde bin. Das gab mir die Kraft, meine Lebensvision stetig weiterzuverfolgen.

Natürlich können wir das Ritual auch zu jeder anderen Jahreszeit machen, wenn wir das Gefühl haben, uns wieder einmal auf ganzheitliche, spirituelle Art reinigen zu wollen.

Gehe zur Herbst-Tagundnachtgleiche zur Zeit des Sonnenuntergangs an einen Fluss oder Bach, an dem du ungestört sein kannst. Ziehe im Uhrzeigersinn einen Kreis aus Dinkel und Blumen, so dass der Fluss in den Kreis integriert ist. Rufe die Richtungen in deinen Kreis und bitte darum, dich bei deiner Reinigung zu unterstützen.

Entkleide dich. Ganz. Schau dich nach einem passenden Stein in deinem Kreis um. Nimm ihn in die Hand und merke dir die Stelle, an der er lag. Mit dem Stein reibst du nun deinen ganzen Körper ein, so als ob er ein Stück Seife wäre. Nun steigst du in den Fluss, mit dem Stein in der Hand. Suche einen Stein aus dem Wasser und lege den »Uferstein« an die Stelle, an der der »Wasserstein« lag. Wasche nun mit dem »Wasserstein« in der Hand ein zweites Mal deinen ganzen Körper. Möglicherweise bist du nun schmutziger als zuvor, wenn etwas Sand und Schlamm auf deiner Haut kleben. Nun wäschst du mit dem Wasser des Flusses deinen Körper ab. Den Stein behältst du dabei in der Hand. Bitte den Fluss und den Geist des Wassers, all deine Verunreinigungen von Körper, Sprache und Geist mitzunehmen.

Wenn du das Gefühl hast, dass es nun gut ist, steigst du aus dem Fluss und gehst ans Ufer zurück, in die Mitte deines Medizinkreises. Jetzt legst du den »Wasserstein« an die Stelle, an der zu Beginn des Rituals der »Uferstein« lag. Bleibe noch einige Zeit im Kreis, um zu beten und zu meditieren. Dann bekleidest du dich wieder. Löse nun den Kreis entgegen dem Uhrzeigersinn auf. Bedanke dich bei den Kräften des Medizinkreises, widme dein Tun dem Wohl aller Wesen und gehe erfrischt und gereinigt nach Hause.

Beispiel für eine Anrufung der Kraft
des Wassers im Westen

Kräfte des Wassers, Kräfte der Delfine und
Wale in den Weltmeeren,
ich rufe euch, bitte hört mich an,
kommt zu mir in meinen Kreis.
Kraft des Erzengels Raphael,
ich rufe dich, hör mich an,
Kraft der Schwarzen Madonna,
ich rufe dich, hör mich an,
kommt alle zu mir in meinen Kreis.
Kraft des Herbstes, Kraft des Sonnenuntergangs,
ich nehme Zuflucht zu eurer Stärke.
Kommt in meinen Kreis. Ich rufe euch. Bitte hört mich
an, kommt zu mir und helft mir.
Lass uns zusammen sein. Genau hier.
Genau jetzt.
Kommt zu mir, helft mir
und lasst mich euer Werkzeug sein.

Assoziationen zur Ordnung der Kraft des Westens

Farbe: Blau, fast Schwarz
Element: Wasser
Eigenschaft: kalt, sich zusammenziehend
Jahreszeit: Herbst
Sonnenfest: Herbst-Tagundnachtgleiche,
Erntedankfest, Michaeli
Mondphase: abnehmender Mond
Mondfest: keltisches Schnitterfest, Marienfeste
im August
Tageszeit: Sonnenuntergang
Lebenszeit: Erwachsensein
Bewusstsein: emotionales Bewusstsein,
emotionale Intelligenz
Bewusstseinszustand: Trance, Traum
Archetyp der Weisheit: Mitfühlende Weisheit
Archetyp der Liebe: Freundschaftsliebe (Philia)
Weltreligion: Buddhismus
Schamanisches Krafttier: Delfin, Wal, Lachs,
Forelle, Bär u. a.
Christlicher Erzengel: Raphael
Madonna: die Schwarze Madonna, die Pieta
Arkana im Tarot: die Kelche

Heilrituale mit der Kraft der Erde im Norden

In den jungen Tagen
Hatt' ich frischen Mut,
In der Sonne Strahlen
War ich stark und gut.

Liebe, Lebenswogen,
Sterne, Blumenlust!
Wie so stark die Sehnen!
Wie so voll die Brust!

Und es ist zerronnen,
Was ein Traum nur war;
Winter ist gekommen,
Bleichend mir das Haar.

Bin so alt geworden,
Alt und schwach und blind,
Ach! verweht das Leben,
Wie ein Nebelwind!

ADELBERT VON CHAMISSO

Zum Norden gehört für mich das Element Erde. Dazu hatte ich einmal einen Traum, an den ich mich immer wieder voller Staunen erinnere: Ich sah im Traum ein großes Stück Erde, frisch gepflügt, ein fruchtbarer Acker. Auf dem Acker gingen Menschen umher, Kinder, Erwachsene und Greise. Als ich genauer hinschaute, bemerkte ich, dass die Menschen aus dem Acker herauswuchsen, so wie Pflanzen, nur dass sie sich, anders als Pflanzen, frei bewegen konnten. Sie wuchsen aus der Erde heraus, bewegten sich, gingen ihren Tätigkeiten nach und dann versanken sie wieder in der Erde. Es war ein ständiges Kommen und Gehen, Entstehen und Vergehen von Menschen, so wie Wellen auf dem Meer kommen und gehen. Ein wundersamer Traum!

Unser Körper besteht aus den chemischen Elementen des Planeten Erde, er entsteht und vergeht, so wie es in dem Traum gezeigt wurde. In der Erde als Ganzes bleiben jedoch alle Bestandteile erhalten, selbst die winzig kleinsten. Die Erde verwandelt sich langsam und stetig zu neuen Formen und wir sind ein Teil dieses Organismus.
Die Eigenschaft des Elements Erde ist Schwere. Schwer wie ein Stein, unbeweglich wie ein Berg. Wir können bei unseren Ritualen in eine meditative Verfassung gelangen, dass wir uns fühlen wie ein Berg. Ganz ruhig, uralt und schwer. »Sich

fühlen wie ein Berg« ist eine hilfreiche Vorstellung in der Meditation, wenn wir dazu neigen, mit unseren Gedanken ständig abzuschweifen.

Die folgenden Rituale korrespondieren mit dem Teil des Medizinkreises, dem wir unter anderem die Früchte der Erde, den Winter, den Rückzug nach Innen, die Nacht und die Weisheit des Alters zuordnen.

Ritual der Dinkelweihe

Wie gesagt verwende ich gerne Dinkel als Gabe, wenn ich einen Medizinkreis gestalte. Den Dinkel weihe ich, bevor ich ihn benutze. Erst kürzlich habe ich von einer wissenschaftlichen Doppelblindstudie gehört, in der nachgewiesen wurde, dass Schokolade, die zuvor in einer Segensmeditation »behandelt« wurde, signifikant nachweisbare Auswirkungen auf das Wohlbefinden der Testpersonen hatte.

Lebensmittel den jeweiligen Gottheiten zur Weihe und Segnung anzubieten, ist in allen Religionen verbreitet. Wenn wir Dinkel, Schokolade oder sonstige Lebensmittel weihen, können wir sie nach der Weihe natürlich selbst essen oder unseren Verwandten und Freunden anbieten. Ich finde es auch schön, solch ganz besonders kostbare

Sachen als Gabe für die Geistwesen mitzubringen, die im Medizinkreis anwesend sind. Wenn mein Dinkel nach einem Ritual von Ameisen oder Käfern gebraucht wird: Umso besser! Wenn gar das eine oder andere Körnchen zu einem Getreidehalm heranreift: Wunderbar! Das Ritual, das ich hier vorstellen möchte, ist inspiriert von meinen indianischen Lehrern. Eine gute Zeit der Kraft, um den Dinkelvorrat für das ganze Jahr zu weihen, ist das Mondfest des neuen Jahres im Februar um das christliche »Mariä Lichtmess« herum. Die Dinkelweihe mache ich zu Hause, den geweihten Dinkel benutze ich dann für Rituale draußen in der Natur.

Sorge dafür, dass du eine Weile nicht gestört wirst. Kreiere ein Medizinfeld, indem du in die vier Himmelsrichtungen folgende Gegenstände in schönen Gefäßen stellst:
Im Osten eine Feder, falls vorhanden.
Im Süden eine brennende Kerze.
Im Westen eine Schale mit Wasser.
Im Norden eine Schale mit Salz.
In der Mitte den in Tüten oder schönen Stoffsäcken verpackten Dinkel.
Ziehe im Geist einen Kreis im Uhrzeigersinn. Rufe die Kräfte der Elemente und der Mitte an, verbeuge dich jeweils und bitte die Geistwesen um ihre Anwesenheit und Unterstützung.

Dann geh in die Mitte des Medizinkreises, nimm das Dinkelsäckchen in die Hände und beginne im Osten damit, es achtsam mit der Feder zu bestreichen und zu bewedeln. Wenn du keine Feder hast, nimm deinen Atem und beatme den Dinkel. Bedenke, dass in diesem Moment dein Atem ein heiliger Atem ist, und sei entsprechend achtsam.

Wenn du das Gefühl hast, dass es stimmig ist, wendest du dich der brennenden Kerze im Süden zu. Ziehe das Dinkelsäckchen mehrfach durch die Flamme und sei dir dessen bewusst, dass das Feuer durch deine Anrufung geheiligt ist und dass dein Dinkel gerade vom Geist des Feuers selbst geweiht wird.

Dann wendest du dich der Schale mit Wasser im Westen zu und bespritzt dein Dinkelsäckchen mit Wasser. Überlasse dem Geist des Wassers die Weihung; du selbst lässt die Weihe einfach geschehen, voller Respekt und mit wachem Bewusstsein.

Im Norden reibst du dein Dinkelsäckchen mit Salz ein und bewahrst die innere Haltung der Achtsamkeit. Schließlich hältst du das Dinkelsäckchen in der Mitte dem Himmel und der Erde zur Segnung hin.

Wenn du für das ganze kommende Jahr einen Vorrat an geweihtem Dinkel anlegen möchtest, wiederholst du die Prozedur solange, bis jedes Säckchen geweiht ist. Am Ende bedankst du dich bei den Kräften, schenkst allen Wesen auf der Welt einen Gedanken des Wohlergehens und löst den Kreis entgegen dem Uhrzeigersinn wieder auf.

Das folgende Ritual kann uns dabei helfen, unsere Anwesenheit hier auf der Erde besser zu spüren und sich stark und sicher zu fühlen. Es dient also der Erdung und ist deshalb dem Norden zugeordnet. Wenn das Anliegen die allgemeine Stärkung und Verbindung zu unserer Mutter Erde und zu unserem Lebenszweck ist, empfehle ich, das Ritual draußen in der Natur zu machen.

Das Ritual kann aber auch in abgekürzter Form als »Erste-Hilfe-Rezept« angewendet werden, um unsere Unsicherheit zu überwinden, wenn wir zum Beispiel vor Publikum sprechen müssen oder eine schwierige Begegnung zu meistern haben. Bevor wir die kurze Version anwenden, ist es gut, wenn wir bereits in gutem Kontakt mit den Kräften des Medizinkreises stehen und schon öfter Rituale praktiziert haben. Dann wirkt es umso besser. Der Umgang mit diesen Kräften ist mit dem Umgang mit guten Freunden vergleichbar: Am Anfang braucht es gegenseitige Zuneigung, viel Zeit und etliche gemeinsame Erfahrungen, bis man sich der Freundschaft so sicher fühlt, dass man es auch einmal wagen könnte, nachts um zwölf anzurufen, wenn die Not wirklich sehr groß ist.

Gehe an einen Ort in der Natur, am besten zu deinem Kraftplatz. Ziehe mit Dinkel einen Kreis im Uhrzeigersinn. Rufe die Kräfte der Himmelsrichtungen und bitte sie um Stärkung und Schutz.

Gehe in die Mitte des Kreises und wende dich zuerst nach Osten. Achte zuerst besonders auf deine Füße und Beine. Stelle die Füße etwa schulterbreit hin, leicht nach außen gewandt. Spüre, dass dir diese Stellung Kraft verleiht und dass dich so leicht nichts umwerfen kann. Lenke die Aufmerksamkeit nun auf die Beine und das Becken. Suche eine ausgewogene Position, so dass du dich stark und gut verankert fühlst. Die Arme hängen zunächst locker herab. Nun hebe die Arme etwa in die Höhe des Nabels und bilde mit den Händen zwei Schalen, die sich nach oben hin öffnen. Finde die für dich richtige Position. Die Entfernung zwischen beiden Händen beträgt etwa zehn Zentimeter. Visualisiere, wie die Kraft des Medizinkreises deinen ganzen Körper auflädt. Wenn du das Gefühl hast, dass es stimmig ist, wiederholst du die Kraftsammlungs-Übung, indem du dich der Reihe nach zuerst dem Osten, dann dem Süden, dem Westen und schließlich dem Norden zuwendest. Zum Schluss drehst du dich einmal langsam im Kreis, hebst deine zu Schalen geformten Hände dabei in den Himmel, beugst dich zur Erde hinab und berührst mit deinen Händen die Erde.

Dann löst du den Kreis entgegen dem Uhrzeigersinn wieder auf, bedankst dich bei den Kräften und wünschst allen Wesen Glück und Frieden.

Die abgekürzte »Erste Hilfe«-Variante geht so: Den Medizinkreis gestaltest du rein im Geist, indem du deine inneren und geheimen Gaben darbringst, deine Gedanken und Gefühle des Vertrauens. Du visualisierst in Sekundenschnelle, wie du einen Medizinkreis gestaltest, die Kraft der Elemente um Hilfe und Anwesenheit bittest. Du stellst dich hin, die Blickrichtung dorthin, wo deine Begegnung (zum Beispiel mit einem Publikum) stattfinden wird. Wichtig ist dabei, unauffällig die Stellung der Füße zu korrigieren, so dass du fest und gut wie oben beschrieben mit leicht nach außen gedrehten Füßen dastehst. Dann hebst du kurz die Hände in die beschriebene Position und sammelst dort Kraft. Anschließend hältst du deinen Vortrag oder was immer es ist. Am Ende löst du in Sekundenschnelle in Gedanken den Medizinkreis wieder auf, bedankst dich und wünschst allen Wesen Glück und Frieden auf dieser Erde.

Weihnachtsbaumritual

Im Christentum spielt der Christbaum zu Weihnachten eine große Rolle, obwohl in den Heiligen Schriften davon überhaupt keine Rede ist. Es handelt sich um eine Erinnerung an vorchristliche Zeiten, in denen die Kultstätten rund um große, mächtige Eichen oder Linden angesiedelt waren. Der Baum war damals der Mittelpunkt des Kultortes. Bäume sind holzige Samenpflanzen – keine andere Pflanze dringt so tief in die Erde ein wie ein

Baum. Bäume stehen da wie Vermittler zwischen Erde und Kosmos. Wir können uns vorstellen, dass Bäume ganz nah am Herzen der Mutter Erde sind und deren Botschaft der Liebe mit ihren Zweigen und Blättern zum Vater Himmel hinaufschicken. Und umgekehrt, wie sie die Antwort der Liebe vom Vater Himmel ins Herz der Erde zurück übermitteln. Bäume sind wie unsere Brüder und Schwestern und können uns gute Freunde werden, wenn wir uns die Mühe machen, ihnen freundlich und achtsam zu begegnen.

Es ist mir jedes Jahr wieder ein Anliegen, das folgende Ritual zu machen, und ich habe wunderbare und unvergessliche Erinnerungen damit sammeln können. Voraussetzung ist, dass wir einen Baum kennen, der zu unserem Freund geworden ist. Es kann aber auch sein, dass der Baum gerade durch dieses Ritual erst zum Freund wird, wenn er es vorher noch nicht gewesen ist.

Natürlich kann es eine Herausforderung sein, mitten in der Nacht einen einsamen Platz in der Natur aufzusuchen. Am Weihnachtsabend liegt jedoch tatsächlich ein großer, spürbarer Friede über dem Land. Diesen Frieden können wir dann wirklich spüren, wenn wir unsere Angst überwinden und hinausgehen. Innerhalb der Wände unserer sicheren Behausungen ist der Weihnachtsfriede nicht ganz so exzellent zu spüren. Ausprobieren lohnt sich!

Gehe am Heiligen Abend, dem 24. Dezember, um Mitternacht zu deinem Freund, dem Baum. Ziehe mit Dinkel und Blütenblättern einen Kreis um den Baum und dich herum und rufe die Kräfte der Richtungen sowie des Himmels und der Erde.

Dann geh in die Mitte und umarme den Baum lange und liebevoll. Lass dich spüren, dass der Baum und du zusammengehören. Atmet miteinander. Der Baum atmet Sauerstoff aus und du atmest Sauerstoff ein. Sei dir der Abhängigkeit von deinem Bruder, dem Baum, bewusst. Sprich mit dem Baum und bringe ihm als Geschenk deine Freundschaft, deine Dankbarkeit und Zuneigung mit. Bitte den Baum um Vermittlung deiner friedlichen Absichten an die gute Mutter Erde und an den guten Vater Himmel.

Wenn du das Gefühl hast, dass es stimmig ist, verabschiede dich vom Baum und löse den Medizinkreis entgegen dem Uhrzeigersinn wieder auf. Bedanke dich und bezeuge das Recht auf Frieden für alle Wesen.

Ritual zur Sterbebegleitung

Dieses Ritual ist inspiriert von meinen tibetischen Lehrern. Ich glaube, in keinem anderen Land der Erde wurde das Geheimnis des Todes so gründlich erforscht wie im alten Tibet. Wir können das Ritual für uns selbst als »Vorsorge« für unseren eigenen Sterbeprozess anwenden. Wir können das Ritual aber auch für andere Menschen machen, auch dann, wenn diese schon längst gestorben sind.

Zur Vorbereitung sollten wir uns klar darüber werden, wem wir gerne an der Pforte des Todes begegnen möchten. Wenn wir Christen sind und eine Beziehung zu Jesus oder zu Maria aufgebaut haben, können wir uns vorstellen, dass uns Jesus oder Maria begegnet. Wenn wir Buddhisten sind, werden wir uns Buddha vorstellen. Jede Religion hat ihre eigenen Erscheinungen der Zufluchtnahme. Wenn wir das Ritual zur Vorbereitung für unser eigenes Sterben machen, empfehle ich, es draußen in der Natur zu machen. Für mich ist es leichter, das Gefühl von Eins-Sein mit der Erde und mit allem, was ist, zu empfinden, wenn ich mich von der zivilisierten Welt ein Stück weit entferne. Wenn wir das Ritual direkt für einen Angehörigen an dessen Sterbebett machen, bleiben wir natürlich an dem Ort, wo der Sterbeprozess stattfindet. In dem Fall können wir einfach still am Bett des Sterbenden sitzen, dessen Füße berühren und das Medizinfeld leise murmelnd oder in Gedanken aufbauen.

In Tibet gibt es viele Geschichten von Yogis und großen Meisterinnen und Meistern, bei deren Tod ein großer Regenbogen am Himmel erschienen ist, obwohl die klimatischen Bedingungen für einen Regenbogen gar nicht vorhanden waren.

Hier die Anleitung für ein Ritual zur Vorbereitung

unserer eigenen Sterbestunde in einer Visualisierung mit Jesus:

Gestalte den Medizinkreis und rufe die Kräfte der Elemente und der Mitte an. Setze dich in die Mitte des Kreises und spüre deine Verbindungen zu den Kräften. Stelle dir vor, dass du gestorben bist und dein Astralleib, deine Seele, sich vom Körper getrennt hat. Dein Körper ist ein Lichtkörper geworden und du stehst vor einem großen Tor in den Farben des Regenbogens. Du trägst ein feinstoffliches Gewand, das wahrscheinlich nicht ganz sauber ist. Das Leben auf der Erde hat Spuren hinterlassen. Das Gewand ist staubig und an der einen oder anderen Stelle haben sich Schmutzflecken gebildet. Du schaust dich an, siehst den Makel auf deinem Gewand und bittest um Hilfe. In dem Moment tritt Jesus aus dem Regenbogentor. Er schaut dich an und kommt auf dich zu. Auch du kannst einen Schritt auf ihn zu machen. Während ihr euch einander nähert, wird dein Gebet erhört. Dein Gewand wird sauber, klar und rein. In dem Augenblick, in dem Jesus dich berührt, wirst du ganz weich vor lauter Liebe. Du wirst so weich, bis du schließlich mit Jesus ganz und gar verschmolzen bist. So durchschreitest du mit ihm das Regenbogentor. Nach deiner rituellen Meditation bedankst du dich bei den Kräften des Medizinkreises und stellst dir vor, wie die Geistwesen in die unsichtbare Ebene zurückkehren, von der sie gekommen sind. Beende das Ritual mit den Worten »Mögen alle Wesen glücklich sein«.

Beispiel für eine Anrufung der
Kraft der Erde im Norden

Kräfte der Erde, Kraft der Büffel,
die uns Fruchtbarkeit schenken,
ich rufe euch, hört mich an,
kommt zu mir in meinen Kreis.
Kraft des Erzengels Gabriel,
ich rufe dich, hör mich an,
Kraft der Goldenen Madonna,
ich rufe dich, hör mich an,
kommt alle zu mir in meinen Kreis.
Kraft des Winters, Kraft der Nacht,
ich nehme Zuflucht zu eurer Stärke.
Kommt alle in meinen Kreis. Ich rufe euch.
Hört mich an. Bitte kommt zu mir und helft mir.
Lass uns zusammen sein. Genau hier. Genau jetzt.
Kommt zu mir, hört mich an, helft
mir und lasst mich euer Werkzeug sein.

Farbe: Gelb
Element: Erde
Eigenschaft: fest, starr, unbeweglich
Jahreszeit: Winter
Sonnenfest: Wintersonnwende, Weihnachten
Mondphase: Neumond
Mondfest: vorchristlich Halloween, wurde zu
Allerheiligen
Tageszeit: Mitternacht
Lebenszeit: Alter
Bewusstsein: Körper-Bewusstsein,
Körperintelligenz
Bewusstseinszustand: Tiefschlaf (extrem: Koma)
Archetyp der Weisheit: durchschauende,
spiegelgleiche Weisheit
Archetyp der Liebe: Gottesliebe (Agape)
Weltreligion: Hinduismus (die älteste der
Weltreligionen)
Schamanisches Krafttier: Büffel, Kuh, Schaf,
Ziege, Schnecke u. a.
Christlicher Erzengel: Gabriel
Madonna: die Goldene, die siegreiche Königin
Arkana im Tarot: die Münzen

Die Kraft der Mitte

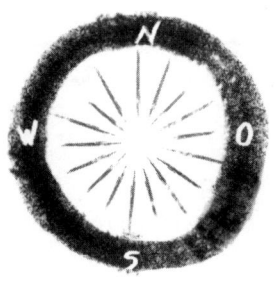

Müsset im Naturbetrachten
Immer eins wie alles achten.
Nichts ist drinnen, nichts ist draußen;
Denn was innen, das ist außen.
So ergreifet ohne Säumnis
Heilig öffentlich Geheimnis!

JOHANN WOLFGANG VON GOETHE

Wir haben miteinander den Medizinkreis in seiner Viererordnung kennengelernt und wollen jetzt noch einen Blick in seine Mitte werfen. Die Zeichnung auf dem Titelbild zeigt einen Menschen im Mittelpunkt des Medizinkreises, der den Tanz der Befreiung tanzt.

In die Mitte des Medizinkreises eintauchen heißt, dort Erkenntnisse und Erfahrungen sammeln. Welche Erkenntnisse lassen sich in der Mitte finden? Wir wissen, dass unser Körper aus den vier Elementen besteht, dass unser Bewusstsein vier Ebenen hat, dass sich uns neue Ansichten über Liebe und Weisheit mit dem Viererschlüssel eröffnen können. Was aber ist im Kern, in der Mitte zu finden? Wir selbst als leuchtende, tanzende, freie Wesen?

Für mich ist in der Mitte die Unendlichkeit des Raumes und die Ewigkeit der Zeit zu finden. Das heißt, ich glaube, dass sie dort zu finden ist. Was aber soll ich dazu sagen? Unendlichkeit und Ewigkeit sind vielleicht etwas, worüber wir lieber staunen und uns freuen sollten, als darüber sprechen.

Angenommen, wir machen eines der vorgestellten Rituale und laden dabei zum Beispiel die Erzengel in ihren verschiedenen Aspekten in unseren Kreis. Angenommen, wir können spüren, wie die Erzengel jeweils in einem der Viertel des Medizinkreises anwesend sind. Woher sind sie gekommen? Und wenn wir uns bedankt haben und uns verabschieden, wohin gehen sie? Woher sind wir selbst eigentlich gekommen? Und wohin gehen wir? Werden wir ewig kreisen – von der Geburt zum Tod und dann wieder von vorne mit immer neuer Geburt beginnen? Vielleicht nicht immer als Mensch. Oder können wir irgendwann, vielleicht noch in diesem Leben, in dieser Mitte ruhen wie im Auge des Wirbelsturms?

Wenn wir die im Folgenden genannten Assoziationen zur Mitte des Medizinkreises auf uns wirken lassen, kommen uns gewiss noch eigene Gedanken und die Anregung, selbst über die großen Themen nachzudenken und eigene Erkenntnisse zu gewinnen. Ich glaube sowieso, dass wir als Menschheit nur dann eine Chance nicht nur zum Überleben, sondern für ein Leben in Freiheit und in Frieden haben, wenn wir uns weniger täuschen lassen und mehr selber nachdenken. Wenn wir in unsere Mitte hineinspüren und von dort ausgehend mit anderen Wesen mitfühlen. Und wenn das, was wir in unserer Mitte finden, in unser Leben hineinwirkt.

Für mich sind Rituale ein ausgezeichnetes Werkzeug, um das »Große Geheimnis« zu erforschen. Das braucht Zeit, vielleicht mehr als nur ein einziges Leben. Ich wünsche jedem von Herzen die nötige Muße, um die alten Heilrituale mit eigenen Erfahrungen anzureichern.

Die folgende Anrufung stammt aus dem Roman »Fuchserde« von Thomas Sautner (tausend Dank), der die Geschichte einer jenischen Familie, einem fahrenden Volk aus dem österreichischen Waldviertel, erzählt. Bei den Jenischen werden die altehrwürdigen Anrufungen vom Ältesten des Clans an den Jüngsten übergeben. Ich bin von der Poesie der Sprache so berührt gewesen, dass ich meine eigenen Anrufungen verwarf und stattdessen lieber die »Jenischen«-Anrufe auswendig lernen will.

Beispiele für eine Anrufung der Kraft der Mitte

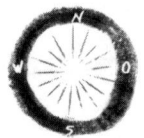

Anrufung für die Mutter Erde
»Du Ernährerin all deiner Kinder,
mache mich hörend für deine Lehren.
Öffne meine Augen,
um all deine Wahrheit zu sehen und
daraus zu lernen.
Öffne mein Herz,
um deine allumfassende Liebe zu empfangen.
Gib mir die Kraft,
deine alles heilende Liebe deinen Kindern
weiter zu schenken.
Weise mir den Weg zu all deinen Geheimnissen.
Und lass deine heilenden Kräfte mich heilen
und durch meine Hände wirken.«[*]

---

[*] Thomas Sautner: *Fuchserde*, Wien: Picus Verlag 2006,
S. 131.

Anrufung für den Vater Himmel

»Oh großer Geist,
dessen Stimme ich im Wind höre
und dessen Atem der Welt das Leben gab,
höre mich.
Ich komme zu dir als eines deiner vielen Kinder.
Ich bin klein und schwach.
Ich brauche deine Kraft und deine Weisheit.
Möge ich in Schönheit gehen, um das zu verstehen.
Lass meine Augen immer den roten und purpurnen
Sonnenuntergang bewahren.
Lass meine Hände die Dinge,
die du gemacht hast, respektieren
und öffne meine Ohren,
um deine Stimme zu hören.
Mache mich weise,
damit ich verstehe, was du deine Kinder gelehrt hast.
Damit ich die Lehren, die in jedem Blatt und
in jedem Stein verborgen sind, verstehe.
Mache mich stark,
nicht um meinen Bruder zu beherrschen,
sondern um meinen größten Feind zu bekämpfen,
mich selbst.
Lass mich bereit sein,
um mit offenem Blick vor dich zu treten.
Wenn das Leben sich neigt wie die untergehende Sonne,
möge meine Seele ohne Schande zu dir kommen.«[*]

---

[*] Sautner: *Fuchserde*, S. 127.

Farbe: klares Licht
Element: Äther (Quintessenz des Aristoteles),
Leerheit (buddhistisch)
Eigenschaft: ewig, unendlich
Raum: überall, hier
Zeit: jetzt, immer, ewig
Bewusstsein: vollständig erwachtes Bewusstsein,
Nicht-Wissen (Zen), reines bewusstes Sein
Bewusstseinszustand: Erleuchtung
Archetyp der Weisheit: die Weisheit selbst
Archetyp der Liebe: die Liebe selbst
Religion: spirituelle Erfahrungen in jeder Religion,
Unio Mystica
Schamanisches Krafttier: Geist aller Tiere
Erzengel: Geist aller Engel
Madonna: Vereinigung von weiblich und
männlich
Tarot: das Große Geheimnis, der Weg des Narren
zur Erkenntnis

Dank

Mein Dank richtet sich an all die zahllosen Menschen und Wesen, die mich auf meinem Weg begleitet haben:

Danke an meine Familie, die mir auch in schwierigen Zeiten das Gefühl gab, dass ich einen Platz in der Welt habe, wo ich dazugehöre. Welch ein Glück!

Danke an meine spirituellen Lehrer und Lehrerinnen, die mir halfen, eine größere Ordnung und einen tieferen Sinn hinter den Dingen und Erlebnissen zu erkennen. Welch ein Segen!

Danke an meine Freunde und Freundinnen, von denen manche nur kurze Zeit den Weg mit mir gemeinsam gingen, manche über viele Jahre und einige wenige sogar über Jahrzehnte. Welch ein Trost, welch eine Freude!

Ein spezieller Dank sei hier auch an meine »netten« Feinde gerichtet! Sie waren ganz ausgezeichnete Begleiter, die sehr genau meine spirituellen Fortschritte daraufhin überprüften, ob sie der Realität auch standhalten!

Ein ganz besonderer Dank geht natürlich an die »Wesen des Geistes«, die in den verschiedensten Erscheinungen unermüdlich bereit sind, zu heilen, zu stärken und zu beschützen. Welch ein Wunder!

*Entdecken Sie mit der Alpenschamanin
Monika Herz uralte Traditionen*

Alte Heilgebete

»Gesundbeten« war jahrhundertelang eine der wichtigsten Säulen der medizinischen Versorgung in Europa. Monika Herz lernte die Kunst der Gebetsheilung bei einem alten Heiler: Krankheiten und Leiden werden dabei durch Gebete zum Verschwinden gebracht, die Menschen erfahren Schutz und Stärkung. In diesem Buch versammelt sie Gebete, die jeder anwenden kann, um sich und anderen zu helfen.

152 Seiten, ISBN 978-3-485-01319-2

Geschichten, die heilen

Die Seele schaut in Bildern: Monika Herz arbeitet als Schamanin mit überlieferten Heilgeschichten. Sie erzählt von Jesus und Buddha, von Sufi-Meistern und Ganesha, von Tara, Lilith und der Weißen Büffelfrau und erklärt, wie wir diese Geschichten für unsere persönliche Entwicklung und Heilung anwenden können.

176 Seiten, ISBN 978-3-485-01378-9
Auch als Hörbuch: 2 CDs, ISBN 978-3-7844-4256-3

nymphenburger   www.nymphenburger-verlag.de

Die persönliche Matrix verstehen

Mit Zahlen heilen

In Zahlen sind sehr tiefe, heilsame Informationen verborgen. Mit dem Bewusstwerden dieser uralten Weisheit der Zahlen kann der menschliche Organismus in einen gesunden und harmonischen Zustand zurückgeführt werden. »Alles ist Zahl«, wussten schon die alten Griechen. Die Heilerfolge des russischen Geistheilers Grigori Grabovoi haben Zahlen als Heilmittel populär gemacht.

Monika Herz erklärt die mystische Bedeutung der Zahlen 0 bis 10, die dazugehörigen Symbole sowie ihren Enneagramm-Charakter und erzählt eine Heilgeschichte zu jeder Zahl. Sie stellt damit eine konkrete Methode vor, wie man Zahlen für den eigenen Heilungsweg nutzen kann.

152 Seiten mit Illustrationen, ISBN 978-3-485-01409-0

nymphenburger   *www.nymphenburger-verlag.de*